# ERNST OLDENBURG 1914–1992 WERKVERZEICHNIS

Für Stella Oldenburg von Baggehufvudt

# ERNST OLDENBURG 1914–1992

WERKVERZEICHNIS

HERAUSGEGEBEN VON
CLAUS PESE UND
KAROLA RAMAS-OLDENBURG

MIT BEITRÄGEN VON
CORA EGGERS-WRUBLICK UND
MARCO SCHWINNING

EDITION BRAUS

Herausgeber: Claus Pese und Karola Ramas-Oldenburg

Gestaltung, Lektorat, Satz, Lithographie, Herstellung (Buch und CD-ROM):

Reschke, Steffens & Kruse, Berlin/Köln

Verlag: Edition Braus im Wachter Verlag

Druck: Wachter GmbH, Bönnigheim

Bibliografische Information Der Deutschen Bibliothek

Die Deutsche Bibliothek verzeichnet diese Publikation in der Deutschen Nationalbibliografie; detaillierte bibliografische Daten sind im Internet über http:/dnb.ddb.de abrufbar.



ISBN 3-89904-100-3

Für die großzügige Unterstützung dieser Publikation wird gedankt:

der Sparkasse Unna

der Kulturstiftung Sparkasse Unna

den Stadtwerken Unna GmbH

der Firma TargoSoft GmbH, Hamburg

der Mittelstands- und Wirtschaftsvereinigung der CDU des Kreises Unna

dem Landschaftsverband Westfalen-Lippe, Münster, Abteilung Kulturpflege

der Ernst Oldenburg Gesellschaft e.V. Unna

Nach dem Tod meines Vaters Ernst Oldenburg, mit dem ich viele Jahre zusammengearbeitet habe, wuchs in mir der Wunsch, das vielseitige Werk dieses außergewöhnlichen Künstlers in seiner Gesamtheit zu erforschen. Daraus ergab sich für mich die zwingende Notwendigkeit, alle Arbeiten meines Vaters für die Öffentlichkeit zu erfassen. Erstmalig liegt nun mit diesem Œuvrekatalog ein vollständiges Verzeichnis seines Werkes und Lebens vor. 1992 im Alleingang mit Recherchen in Archiven und ständigem Suchen in ganz Europa nach Werken und Kontakten beginnend, begegnete ich 1999 Dr. Ulrich Althöfer. Ihm bin ich sehr dankbar, weil er die Mühe meiner Unternehmung erkannte und den Kontakt zu dem Kunsthistoriker und Photographen Dr. Roland Pieper und der Kunsthistorikerin Dr. Cora Eggers-Wrublick herstellte. Gemeinsam erarbeiteten wir in den folgenden fünf Jahren dieses Projekt, das ein umfassendes Bild aller Schaffensperioden des Künstlers gibt.

Ich danke den nachfolgenden Personen und Institutionen, ohne deren finanzielle und ideelle Unterstützung die vorliegende Publikation nicht möglich gewesen wäre:

Dem Vorstand der Sparkasse Unna und der Kulturstiftung der Sparkasse Unna, besonders Herrn Werner Overwaul, für seinen Rat in schwierigen Situationen,

den Stadtwerken Unna GmbH, Herrn Prof. Dr. Christian Jänig, mit seiner spontanen Tatkraft,

der Firma TargoSoft, Hamburg,

der Mittelstands- und Wirtschaftsvereinigung der CDU des Kreises Unna,

dem Landschaftsverband Westfalen-Lippe, Münster, Abteilung Kulturpflege,

der Ernst Oldenburg Gesellschaft e.V. Unna, deren Vorstand stets hinter mir stand, besonders Herrn Dr. Gerd Kummer, der mich als langjähriger Freund meines Vaters mit immerwährender Bereitschaft durch manche schwierige Verhandlung leitete,

den Mitgliedern der Ernst Oldenburg Gesellschaft, die durch Beiträge, Spenden und nicht zuletzt mit viel Verständnis erheblich zum Gelingen beitrugen.

Ich danke der Vielzahl von Sammlern, die Werke aus ihrem Besitz zugänglich machten, und allen Mitstreitern für das Vertrauen, das sie mir entgegenbrachten, dem Mitherausgeber Dr. Claus Pese,

Nürnberg, und dem Büro Reschke, Steffens & Kruse, das dieses Buch und die CD-ROM gestaltet und realisiert hat. Ein besonderer Dank gilt meinem geduldigen Ehemann Walter Ramas und meiner Tochter Francesca Ramas sowie Sigi Rennecke und Marco Schwinning, die immer bereit waren, technische Widrigkeiten in Ordnung zu bringen, wenn es nicht mehr weiterging.
Eine noch stärkere Beachtung und Diskussion des Œuvres Ernst Oldenburgs ist sehr zu wünschen. Ich hoffe, daß das vorliegende Buch und die dazugehörige CD-ROM, die erstmals eine Übersicht über sein gesamtes Schaffen bieten, einen wesentlichen Schritt auf diesem Weg darstellen.

Unna und Ratingen, im Februar 2004
Karola Ramas-Oldenburg

Die Geschichte der Kunst ist ein gewachsenenes Gefüge, das in kaum wahrnehmbarer Bewegung ist. Vieles gerät im Laufe der Zeit in Vergessenheit; manches kommt hinzu. Es gibt dabei nicht nur Neues in zeitlicher Kontinuität, sondern auch Altes, das in dem Gefüge seinen Platz finden will. Das sind die späten Entdeckungen. Sie sind selten, und sie bringen so manches durcheinander: die Überschaubarkeit des Gefüges, die bereits gefällten Urteile, die Kausalität des Systems. Aber es gibt sie immer wieder. Das Werk Ernst Oldenburgs gehört dazu.
Die künstlerischen Ausbildungen eines bewegten Lebens stehen vor uns. Die Vielfalt dieses Schaffens ist bemerkenswert. Über 1 500 Werke umfassen Malerei und Bildhauerei.
Ernst Oldenburg beginnt noch in den zwanziger Jahren als Maler. Von Anfang an interessiert ihn das Bild vom Menschen, aber auch dessen Umgebung – seine Arbeitswelt ebenso wie die Landschaft. 1932 malt der Achtzehnjährige den Dirigenten Wilhelm Furtwängler. Nach dem verheerenden Zweiten Weltkrieg begleitet Ernst Oldenburg künstlerisch den Wiederaufbau und will damit an einem neuen Deutschland mitgestalten, dessen politischer Weg ihn aber bald enttäuscht. Er geht.
In der neuen Heimat wandeln sich Industriebilder zu Industrielandschaften und diese allmählich zu Landschaften ohne Menschenwerk. Zudem entstehen weiterhin Portraits. Noch in den fünfziger Jahren kommt es zu den ersten bildnerischen Arbeiten. Wieder ist es das Bild vom Menschen, das Ernst Oldenburg formt. Ihn fasziniert die innere Spannung ebenso wie die äußere Gestalt: das Erleben von Freude und Trauer, von Lust und Last; das Schaffen von Glätte und Rauheit, von Glanz und Mattheit. Stein wird Skulptur, und Bronze wird Plastik. Die Möglichkeiten des Haptischen erweitern die Sinne vom sehenden zum fühlenden Empfinden.
In den sechziger Jahren hat Ernst Oldenburg seinen Weg gefunden. Bildhauerei und Malerei bedingen fortan einander. Seine Welt ist eingehüllt in Farben und Formen. Ernst Oldenburg oszilliert zwischen Gegenständlichkeit und Ungegenständlichkeit. Ihn als abstrakten Bildhauer und Maler zu bezeichnen, würde seinem Werk nicht gerecht. Er wendet sich zwar »noch einer gegenständlichen, nun aber in Form und Farbigkeit abstrahierten Malerei zu« (Cora Eggers-Wrublick). Der Aufschrei

im *Rufer* von 1956 zum Beispiel ist voll expressiver, physiognomiebewußter Realität, die aus dem heftig bewegten Hintergrund farbig hervortritt.

Mit den Jahren wird das einfacher und stiller. Sieh da, ein Mensch: Der *Ecce Homo* von 1961 stemmt sich gegen Gitterstäbe, die ihn am Freisein hindern. Welche Freiheit – die innere, die äußere? Flieht der Reiter in der Pferdekomposition von 1969 vor sich selbst oder vor anderen? Dann, im Einander-Begegnen, findet der Künstler den irdischen Frieden. In der Komposition *Zwei Menschen* von 1968 hat es stattgefunden und er sich verwirklicht.

In den siebziger Jahren werden die Figuren konturierter, gewinnen an räumlicher Präzision. Hochpolierte Bronzeplastiken – zum Beispiel die *Kleine Liegende* von 1971 – nehmen die sie spiegelnde Umwelt in sich auf. Das ist neu in seinem Werk, und Ernst Oldenburg experimentiert viel. Miteinander verschweißte Platten oder Rohre vermitteln ein konstruierteres Bild vom Menschen, als dies die in der Klassischen Moderne geschlossene Form bietet. Dann, inmitten seiner Schöpferkraft, trifft Ernst Oldenburg ein schweres Schicksal.

Ein Schlaganfall hat 1988 den Künstler ereilt und ihm die rechte Hand gelähmt. Aus tiefer Not: *De profundis* von 1991 ist gegen den Tod gemalt. Ernst Oldenburg hat sich umgestellt und schafft eine »durchzitterte Kunst« (Marco Schwinning) voll ausdrucksstarker Farbigkeit. Seine Menschen treten in Gruppen auf, neigen einander zu und verlieren sich in Abstraktionen. Das scheint der vom Schicksal gewollte Endpunkt eines Lebens zu sein, das immer künstlerisches Erleben war. Nun liegt es ausgebreitet vor uns.

Claus Pese

## I. Zur Malerei Aspekte des Frühwerks

1929, im Alter von vierzehn Jahren, wurde Ernst Oldenburg (8.1.1914–9.1.1992) zum Studium der Malerei an der Technischen Hochschule Danzig aufgenommen und beendete 1935 seine Ausbildung im Meisteratelier für Malerei von Fritz A. Pfuhle.[1] Zusätzlich zum üblichen Ausbildungskanon der Malerei und Dekorationsmalerei besuchte er Seminare und Vorlesungen in Kunstgeschichte sowie Philosophie und erwarb Grundkenntnisse in Statik und Baulehre.
Professor Fritz A. Pfuhle (1878–1969)[2] prägte Oldenburg während des Studiums wahrscheinlich am nachhaltigsten. Er unterrichtete die Fächer Freihandzeichnen, Perspektive, Aktzeichnen, Aquarellmalen[3] sowie gattungsübergreifend auch innenarchitektonische Gestaltung[4]. Die realistische Naturbeobachtung und die akademisch geschulten, ausgewogenen Kompositionen sowie die naturalistische, spätimpressionistische Formensprache seines Lehrers verband Oldenburg in seinem Frühwerk mit Aspekten des symbolisch aufgeladenen Jugendstils der Jahrhundertwende und des frühen Expressionismus. Sein erstes überliefertes Gemälde, der *Flötenspieler* (M 4; Abb. S. 67) von 1932[5], weist mit seiner dunklen Farbpalette und der ornamentalen Struktur der Bäume zurück auf verschollene Werke. Den hier noch auffällig retrospektiven Stil überwand Oldenburg bald durch seine Hinwendung zur Klassischen Moderne.[6]
Weitere künstlerische Anregungen bot Oldenburgs früh einsetzende Ausstellungstätigkeit: Noch zu Studienzeiten, 1932, wurden seine Werke in der Kunstkammer von Danzig gemeinsam mit Gemälden von Otto Dix, in der Nationalgalerie in Berlin und in der Kunsthalle Hamburg gezeigt. Der sich daraus entwickelnde Bezug zur Malerei des Expressionismus wurde während der Malaufenthalte des Künstlers auf der Kurischen Nehrung vertieft, wo er Karl Hofer, Ernst Ludwig Kirchner und Max Pechstein kennenlernte, und hatte insbesondere Einfluß auf den Stil der Fischerbilder Oldenburgs. Portraits, Landschaften und einige Genrebilder sind aus dem Frühwerk Ernst Oldenburgs überliefert. Einige stammen aus den dreißiger Jahren, die Mehrzahl ist ab den vierziger Jahren entstanden. In seinen etwa 200 bis 1950 nachweisbaren Bildnissen setzte sich der Künstler in feinen psychologi-

schen Studien mit dem einzelnen Menschen auseinander. Auftraggeber aus den wohlhabenden Kreisen Danzigs, aus seinem Freundeskreis sowie populäre Größen wie der Dirigent der Berliner Philharmoniker Wilhelm Furtwängler (M 5; Abb. S. 69)[7], den Oldenburg 1932 traf, standen ihm Modell. In der Graphik folgte Ernst Oldenburg in seinen ersten Portrait-, Pferde- und Genreskizzen bis zur Mitte der fünfziger Jahre[8] dem akademischen Naturalismus seiner Gemälde. Seine sensibel beobachteten Portraitzeichnungen sind in ihrer fortgeschrittenen Ausarbeitung als eigenständige Arbeiten anzusehen; zudem wurden sie mit vollem Namenszug und Datum vom Künstler signiert. Spätere Übungsskizzen für den Privatgebrauch bezeichnete Oldenburg seltener, meist erst im nachhinein, zu Teilen auch irrtümlich falsch. Auch eine Reihe von Gemälden wurde von ihm im Rückblick falsch datiert. Anlaß dieser nachträglichen, häufig nur ungefähren zeitlichen Bestimmungen konnten Atelierrevisionen durch den Künstler, der Verkauf des Werkes, eine Publikation oder eine Ausstellung sein.
Trotz seiner durch die Zensur der Nationalsozialisten erzwungenen Zurückhaltung auf dem Gebiet der Malerei knüpfte Ernst Oldenburg 1937 Kontakte zum internationalen Kunstgeschehen und reiste nach Paris, wo er Marcel Gromaire (1892–1971) und André Lhote (1885–1962) kennenlernte, insbesondere jedoch die Arbeiten Henri Matisses und Pablo Picassos bewunderte.[9] Während keine Verbindung zu den Arbeiten André Lhotes zu erkennen ist, hat die Malerei Marcel Gromaires Spuren im Werk Oldenburgs hinterlassen. Gromaires Gemälde *La Gerbe* (1930)[10] und *Le chomeur* (1936)[11] stehen stilistisch mit ihrer Typisierung und der angedeuteten Landschaft dem Werk Oldenburgs besonders nahe. Gromaire selbst stellte seine Malerei in die Tradition des Expressionismus und verwies auf ihre unmittelbar verständliche soziale Aussage, die weder der Sprache noch einer Erklärung bedürfe. Vorbild sei für ihn die Natur, die es in die Malerei zu übersetzen gelte und die der Betrachter akzeptieren oder ablehnen könne. In dieser Position fand Oldenburg mit seinen grundsätzlich der Natur verpflichteten, gegenständlichen Werken Anknüpfungspunkte.
Die starke Typisierung der Figuren, die Reduktion der Körperform auf das Notwendigste und der knapp angedeutete Bildraum haben Oldenburgs frühe Gemälde mit Gromaires Werken gemeinsam. Obwohl Oldenburg für diese Kunstauffassung sicherlich auch in der Kunst der Klassischen Mo-

derne wesentliche Vorbilder fand, so ist doch Gromaires Einfluß von Bedeutung. Wie wichtig für ihn die Begegnung mit dem Franzosen war, zeigt sich darin, daß er sie als eine von nur wenigen in seiner Autobiographie ausdrücklich erwähnte.[12] Unter dem Eindruck Gromaires beruhigte und festigte Oldenburg seinen Duktus und die Formgebung, wie es am Beispiel der *Moorsoldaten*, datiert in die vierziger Jahre[13], deutlich wird. In diesem Gemälde führte er die Figurengestaltung mit sparsamerer Binnendifferenzierung und festerem Umriß deutlich abstrakter aus als in der *Fischerkomposition* (M 267; Abb. S. 66) von 1931[14]. Die betont kubischen Formen der Moorsoldaten geben diesen einen blockhaft-massigen Ausdruck, ähnlich dem Arbeitslosen in Marcel Gromaires *Le chomeur*.
Die monumentalen, kräftigen Figuren erinnern an das in den dreißiger Jahren entwickelte Ideal des Übermenschen genauso wie an den vom Kommunismus propagierten Menschentyp. Es ist nicht das einzige Mal, daß Oldenburg den Stil seiner Zeit aufgriff: In seinem Werk gibt es eine kleine entsprechende Gemäldegruppe mit idealisierten Gestalten, vor allem Werftarbeitern. Aus den späten vierziger Jahren sind siebzehn Gemälde zum Thema ›Werft‹ überliefert, die trotz des vom Alter brüchig gewordenen Papiers nicht an Frische der Farbe verloren haben.[15] Die Männer erfaßte Ernst Oldenburg als kräftige, anonyme Typen in Arbeitskleidung in Form von Einzelbildnissen[16] und größeren Gruppen[17], die auf den Werften Stralsund, Rostock und Saßnitz arbeiteten, wo der Künstler selbst zeitweise sein Brot verdient hatte.[18] Der Künstler ordnete die Werfthalle, das Gewirr aus Stahlgerüsten, Aufbauten, Kränen, Schienen und Arbeitern zu einer beeindruckenden, hierarchisch strukturierten Arbeitswelt, der sich die anonymen, extrem kleinen Gestalten der Arbeiter gemeinschaftlich einfügen. Der einzelne wird Teil einer aufstrebenden Gemeinschaft, ähnlich den Motiven des sozialistischen Realismus. Die Bilder dieser Gruppe erinnern an Industrielandschaften, wie sie in den vierziger Jahren u. a. von Rudolf Bergander (1909–1970), Horst Strempel (1904–1975) oder Hans Grundig (1901–1958) gemalt wurden.[19]
Das Motiv der Industrielandschaften mit großformatigen Gerüsten und in ihrer Größe reduzierten Arbeitern griff Oldenburg in den fünfziger Jahren in seinen Bildern von der Zeche Auguste Victoria (M 40, 1956; Abb. S. 108)[20] und den Chemischen Werken (M 73, ca. 1959)[21] in Marl-Hüls wieder auf.

In diesen Gemälden nahm er die Idealisierung der ehemals übergroß wirkenden Gebäude zurück und gestaltete sie mit lebhafter Farbigkeit und großzügiger Pinselführung naturalistischer und menschenfreundlicher. Die typisierten Figuren ordnete er weiterhin in die in Vogelschau gegebenen Industrieanlagen ein.

Ernst Oldenburg, der Mitte der dreißiger Jahre die Pariser Kunstszene kennengelernt und den wachsenden Einfluß des Informel registriert hatte, suchte nach dem Zweiten Weltkrieg Anschluß an die westliche Kunstszene und orientierte sich an der Klassischen Moderne, die durch Ausstellungen und Publikationen nach den Jahren von Verfolgung und Zensur besonders gewürdigt wurde. Tief beeindruckten ihn die Werke von Henri Matisse und Amedeo Modigliani, jedoch auch Werke von Wilhelm Lehmbruck und die reduzierten Figuren Henry Moores.

Zu Beginn des Jahrhunderts hatte u. a. Henri Matisse auf der Basis von Cézannes Überlegungen zum tektonischen Aufbau eines autonomen, d. h. von der Natur unabhängigen Kunstwerks an der Darstellung des tektonisch konstruierten menschlichen Körpers gearbeitet.[22] Dieser wurde nun als eine Architektur von Formen aufgefaßt, die, ineinandergefügt, sich gegenseitig Halt geben. Farbflächen des Hintergrundes stützten optisch die Bewegung der Glieder. In seiner Komposition der blauen *Pietà* von 1970 (M 536)[23] hat Oldenburg dieses Konzept der architektonischen Struktur aufgegriffen.

Matisses heute populären Scherenschnitte *Blaue Akte* aus dem Jahre 1952[24] trafen zur Zeit ihrer Entstehung auf ein skeptisches Publikum. Erst allmählich fanden die großformatigen Schnitte aus handgefärbtem Gouachepapier ihre Anhänger, zu denen spätestens ab Mitte der siebziger Jahre auch Ernst Oldenburg gehörte. Im Vergleich der blauen Aktbilder der beiden Künstler werden die Unterschiede trotz vergleichbarer Farbigkeit und Motive erkennbar: Matisse zielte auf eine möglichst gleichmäßige Färbung des Papiers mit blauer Gouache, um Zeichnung und Farbe voneinander zu trennen und die Form quasi aus dem Material zu schneiden. Farbe und Linie fallen in seinem Arbeitsprozeß zusammen. Da er direkt aus der Farbe heraus arbeitete, konnte er unmittelbar die Form vereinfachen, statt einen Umriß anzulegen und diesen mit Farbe zu füllen. Der Schnittprozeß seiner Arbeiten prägt den Eindruck der locker zusammengefügten, stilisierten ornamentalen Glieder.

Die Lithographien Oldenburgs zielen hingegen auf eine geschlossene körperliche Präsenz ab. Die harten Schnittkanten und Ecken seiner Körper erinnern zwar noch an Matisses Scherenspuren. Während Matisse mit weichen Konturen, verschlungenen Gliedern und der Unmittelbarkeit des auf dem Papier montierten Materials eine verhaltene Erotik zu sichern wußte, nimmt die Verhärtung der Akte bei Oldenburg ebendiese Erotik bewußt zurück. Ein Vergleich von Arbeitsprozeß, Farbigkeit, Formgebung und Körpersprache zeigt, daß sich Ernst Oldenburg zwar durch die *Blauen Akte* zu seinen ornamental anmutenden Einzelfiguren inspirieren ließ, diese Anregungen jedoch unter bereits in seinem Werk entwickelten künstlerischen Zielsetzungen verarbeitete und zu eigenen Lösungen fand.

Ähnlich wie Henri Matisse hatte auch Amedeo Modigliani, angeregt u. a durch seine Beschäftigung mit der Steinbildhauerei, seine Kunst der Reduktion gesteigert und das ihm eigene Gefühl für Rhythmus und Tektonik der Formen weiterentwickelt. Kennzeichnend für seine berühmten Akte, unter denen das um 1917 entstandene Stuttgarter Bild *Liegender Frauenakt auf weißem Kissen* hervorzuheben ist, sind die Rhythmik und tektonische Gliederung der runden Körperformen. Modigliani wählte warme Farben, die den Eindruck von Ruhe verstärken, und eine flüssig geführte, durchgehende Kontur, die den ornamentalen Charakter seiner jeweiligen Bildkonzeption unterstreicht. Als Vergleichsbeispiel aus dem Werk Ernst Oldenburgs bietet sich dessen Akt *Komposition Grün-Rosa* von 1988 (M 486; Abb. S. 328 li.)[25] an. Im Gegensatz zu Modigliani ging es Oldenburg um die Spannung des sich aufrichtenden, nicht des lagernden Körpers – entsprechend bauen sich Rhythmik und Tektonik auf. Dieser Körper dehnt sich nicht entspannt in die Fläche, sondern scheint vielmehr deren Grenzen überwinden zu wollen. Oldenburgs Akte sind in die Fläche eingespannt, ihre Fußspitzen, Ellbogen, Knie oder ihre obere Kopfhälfte werden vom Bildrand überschnitten. Eine flüssige Kontur unterstreicht den ornamentalen Charakter, der hier nicht durch Körperrundungen, sondern durch die zueinander komponierten Glieder evoziert wird. Statt des warmen, weich modellierten Inkarnats Modiglianis sind kräftige Schatten, Weißhöhungen und kontrastierende helle Hautflächen gesetzt, die das plastische Volumen der Figuren modellieren.

Finden sich Tektonik und Rhythmik somit in den Akten Modiglianis wie Oldenburgs gleichermaßen, wurden sie doch von beiden Künstlern völlig verschieden interpretiert. Modigliani stilisierte seinen Akt nach einem zu seiner Zeit gültigen Schönheitsideal zu einem nahezu vorbildlichen jungen Frauentypus. Ernst Oldenburg hingegen gestaltete einen gesichtslosen Typus. Mit dem Augenmerk auf einer aussagekräftigen Gestalt, weniger interessiert an eventuellen Schönheitsidealen, stellte er Weiblichkeit und Frausein vielmehr als die kraftvolle Energie eines ästhetisch gedeuteten Körpers vor.

### Das Leben an der Ostseeküste: Inspiration und Motiv

Parallel zu den Industrie- und Werftlandschaften der vierziger Jahre erweiterte Ernst Oldenburg sein Themenspektrum, expressionistische Motivtraditionen aufgreifend, mit einer Reihe von Bauern- und Fischerszenen und erarbeitete sich ausgewählte Themen wie den ›Rufer‹, ›Moorsoldaten‹ und ›Pferde‹, die er zeit seines Lebens weiterverfolgen sollte. Darüber hinaus entstanden weitere akademisch ausgeführte Landschaften und Portraits, die in der Tradition des deutschen Naturalismus der Jahrhundertwende stehen.

Direkt im Anschluß an sein Studium, noch unter dem Eindruck eigener Kriegserfahrungen, malte Ernst Oldenburg in den vierziger Jahren die *Moorsoldaten*.[26] Das Motiv der Moorsoldaten entlehnte er dem 1933 entstandenen Liedtext von Konzentrationslagerarbeitern im KZ von Börgermoor im Emsland. Unter menschenunwürdigen Bedingungen waren hier Häftlinge gezwungen worden, Moor- und Sumpfgebiete trockenzulegen. Aus Oldenburgs Bild sprechen die im Lied besungenen seelischen und körperlichen Leiden der Häftlinge, die mit dem Spaten in einer lebensfeindlichen Landschaft arbeiten mußten. 1955 griff der Künstler das Thema erneut auf, löste es aus dem nationalsozialistischen Kontext und stellte statt dessen das generelle menschliche Leid in den Vordergrund (M 91; Abb. S. 100).[27] Diese Entwicklung ist auch bei Oldenburgs Fischerbildern zu beobachten: Zunächst als Genreszene konzipiert, wird dem Motiv in späteren Jahren von Oldenburg eine allgemeingültige Aussage unterlegt, die die Fischer zu einem Sinnbild menschlicher Existenz werden läßt. Der Künstler malte die *Moorsoldaten* im Kontext seiner fluchtartigen Übersiedlung in den Westen.

Erinnerte er sich vielleicht angesichts der eigenen, durch die Realität in der DDR enttäuschten Hoffnungen, die ihn zur Flucht bewegten, an die Anfänge des Staates und seine, durch die Erfahrungen mit den Nationalsozialisten geprägten, damaligen Ideale von einer menschlicheren Gesellschaft? 1971 griff Oldenburg das Thema der *Moorsoldaten* (M 229; Abb. S. 232 u.)[28] noch einmal auf, diesmal als schmale, androgyne Akte in einer neu überdachten Kompostion, und unterstrich so den allgemeingültigen Inhalt des Motivs.

Vor Unglück und Leid warnt die Figur des Rufers, mit der Oldenburg Anfang der fünfziger Jahre die existentielle Bedrohung der Fischer in Seenot erstmals thematisierte. Das Motiv diente Oldenburg zugleich als Bildformel für eine Warnung vor dem Schicksal generell und sollte von ihm später immer wieder aufgegriffen werden – nicht zufällig klingt hier das biblische Motiv des ›Rufers in der Wüste‹ an.

Oldenburgs *Rufer* (M 96; Abb. S. 101) von 1954[29] erhebt sich überlebensgroß über die flach gesetzte Horizontlinie. Der stehende, gesichtslose Mann scheint durch seine trichterförmig um den Mund gelegten Hände warnend in die Ferne zu rufen. Ruft er um Hilfe für in Seenot geratene Schiffe oder warnt er vor einem Deichbruch? Der dämmrige Gewitterhimmel, vor dem sich die große, schattenhafte Gestalt erhebt, verstärkt das Gefühl einer unbestimmten Gefahr.

Parallel zu weiteren Fassungen des Motivs in den sechziger und siebziger Jahren modellierte Oldenburg seit den späten sechziger Jahren vier *Rufer* als Relief und Vollplastik. Während die Gemälde den Rufer stets in einer Landschaft stehend zeigen, konzentriert sich die Plastik auf den Korpus – die durch den Rufer thematisierte Warnung tritt in den Hintergrund.

Pferde in ihrer Kraft, Beweglichkeit und Eleganz faszinierten Ernst Oldenburg, der an der Ostseeküste mit den Tieren aufgewachsen ist, von Beginn an.[30] Der Künstler malte sie großformatig, allein (M 170; Abb. S. 190 li.)[31] und in der Gruppe (M 288; Abb. S. 192 li.)[32] im Widerschein des Abendlichtes, das die Eleganz der Körper und ihrer Bewegung hervorhebt, oder erfaßte einen Reiter auf dem Rücken eines weit ausgreifenden Pferdes als Silhouette vor grün-weißem Grund (M 163; Abb. S. 191 li.).[33] In seinem Gemälde *Zwei sich aufbäumende Pferde mit Reitern* (M 42; Abb. S. 103)[34] ver-

band der Künstler seinen bewegten Pinselstrich der frühen Landschaften mit einer ausdrucksvollen, zunehmend abstrahierten Farbigkeit. Im Fell der Pferde mischen sich Braun- und Blautöne, ebenso im Himmel und auf dem Erdboden. Sein Lehrer Fritz Pfuhle hatte Oldenburg mit der eigenen Vorliebe für Pferde zudem zu regelrechten Pferdeportraits inspiriert. Häufig fügte Pfuhle dem temperamentvollen Charakter der Tiere junge Männer als Pferdeführer oder als Reiter bei. In Bildern von jugendlichem Übermut und Unbekümmertheit verschmelzen die bewegten Körper der Tiere und die geschmeidigen Gestalten der Jungen zu einer Einheit. Diese Auffassung findet sich in Oldenburgs Gemälden *Pferde mit Reitern* (M 189, 1968; Abb. S. 193 o.) und *Pferde in der Schwemme* (M 555, 1971) wieder, um diese Motive in den Bildern *Sich aufbäumendes Pferd* (M 170) oder *Pferde mit Reitern* zu monumentalen, typisierten Abbildern urwüchsiger Kraft weiterzuentwickeln.[35]
Die Begegnung mit Zoran Anton Music (1909–1999), der wie Oldenburg den Menschen ins Zentrum seines Werkes stellte, regte diesen in den fünfziger Jahren an, die Tiere zunehmend zu typisieren, wie in dem Gemälde *Pferde auf der Weide* (M 161; Abb. S. 131)[36] nachzuvollziehen ist. Ganz ähnlich reduzierte Music in seinem Gemälde *Pferde*[37] die Tiere auf ihre Grundformen und fügte sie in eine abstrakte Landschaft ein. Oldenburg zielte jedoch in der Mehrzahl seiner Pferdedarstellungen auf die lebhafte Bewegung der Tiere, die er in Form und in Farbe naturalistisch konzipierte.
Bereits während seines Studiums entdeckte Oldenburg das Leben der Fischer und Bauern als sein bevorzugtes Thema, wie die frühe *Fischerkomposition* (M 267, 1931; Abb. S. 66)[38] belegt. Das Leben auf dem Lande, am Meer und mit Pferden bot Themenbereiche, die ihn, wie seinen Lehrer Fritz Pfuhle und andere Maler Schleswig-Holsteins, so z. B. Max Pechstein oder Karl Schmidt-Rottluff, zeit seines Lebens beschäftigen sollten. Zu den wenigen erhaltenen Ölbildern dieser Jahre gehört das oben genannte kleinformatige Fischerbild, das der Künstler bereits jetzt aus dem traditionellen Genrekontext löste: In einer abstrahierenden, durchgängig braunen Farbigkeit sind die Umrisse und nackten Körper einer Gruppe von Männern und Frauen gemalt, die am Strand einen auf einer Bahre gebetteten Toten umringen. Die Szene geht auf ein persönliches Erlebnis des jungen Oldenburg am Strand der Ostsee zurück, das den Künstler offensichtlich tief beeindruckt hat – bis ins hohe Alter

gestaltete er das Motiv immer wieder und deutete es zu einem Topos von Verzweiflung und Hoffnung auf Erlösung um. Bereits in seinem frühen Werk von 1931 wählte er für die Figuren knielange Tuchgewänder, die der Szene eine zeitlose und damit allgemeingültige Aussagekraft verleihen.
Mit den Bauern-[39] und Fischerszenen[40] der vierziger und späten fünfziger Jahre schloß Ernst Oldenburg stilistisch an seine frühen Industrie- und Werftbilder an, wie das Gemälde *Bauern* (M 282, datiert fünfziger Jahre; Abb. S. 90) belegt, das noch die naturalistische Figurenauffassung der *Fischerkomposition* von 1931 in Kombination mit der Untersicht der Werftbilder aufweist. Überblickt man die Bauernmotive der folgenden Jahre, kann man die Wandlung der Farbigkeit von hellen Pastelltönen zu einer erdigen Palette und die zunehmende Vorliebe Oldenburgs für handelnde Figuren beobachten, wie etwa in dem Gemälde *Bauern bei der Kartoffellese* von etwa 1945–1949 (M 24).[41]
Die Fischer- und Bauernbilder der späten fünfziger Jahre stehen in ihrer Reduktion auf Typen, in ihrem Genrethema, dem lebhaften Pinselduktus und der deutlichen Binnenspannung der Körper in der Tradition des deutschen Expressionismus, dessen Werke bereits dem Studenten Oldenburg vertraut waren und mit dem er sich in den folgenden Jahren durch persönliche Kontakte zu verschiedenen Vertretern dieser Strömung intensiver beschäftigte. Die Gemälde[42] dieser Phase erinnern mit dem lebhaften Pinselstrich, der expressiven Farbigkeit, mit ihrer starken Untersicht und der dynamischen Komposition an Motive der ›Brücke‹-Maler, also an den Stil der ersten Expressionistengeneration. Zu den anonymen Gesichtern, den starken Farbakzenten und der Reduzierung der Kleidung auf einfache Formen ließ sich Oldenburg hingegen von der Neuen Sachlichkeit und dem Sozialistischen Realismus inspirieren, deren stilistische Eigenheiten er jedoch weiterentwickelte. Mit seiner Übersiedlung in den Westen 1953 lösten Fischer und Bauern die Werftarbeiter als zentrales Thema ab.

## Die Figurenbilder

Nach seiner Übersiedlung in den Westen traf Oldenburg auf eine Kunstszene, die von Retrospektive und kontroverser Diskussion um abstrakte Kunst geprägt war. Innenpolitische Probleme des Wiederaufbaus, die damit verbundenen finanziellen Schwierigkeiten bei privaten und öffentlichen Aufträgen und die kulturelle Situation nach der Verfemung von Kunst durch die Nationalsozialisten stellten ihn vor substantielle Schwierigkeiten und veranlaßten ihn zu einer stilistischen und inhaltlichen Neuorientierung. Er fand seinen Standpunkt weder auf der Seite der gegenständlichen Kunst des Sozialistischen Realismus noch auf der der abstrakten Kunst des Westens. Im Spätimpressionismus ausgebildet, mit der Naturstudie vertraut und die Ideen der Klassischen Moderne in Frankreich besonders schätzend, wandte er sich nach 1953 in der Konsequenz wieder einer zwar noch gegenständlichen, nun aber in Form und Farbigkeit abstrahierten Malerei zu.

Während seiner Zeit in Holstein an der Ostseeküste widmete sich Ernst Oldenburg intensiv der Portrait- und Landschaftsmalerei, wie die etwa 60 überlieferten Portraits und 70 Landschaften der fünfziger und sechziger Jahre erkennen lassen.[43] Der Künstler sah sich gezwungen, Geld zu verdienen, ohne auf seine bisherigen Beziehungen und Auftraggeber zurückgreifen zu können. Überraschend schnell erschloß sich ihm jedoch ein neuer Kreis an Interessenten für seine Landschaften und Bildnisse. Die Portraits zeigen in repräsentativem Habitus Persönlichkeiten der bürgerlichen Gesellschaft und ihre Familienangehörigen. Einige der Bildnisse zeichnen sich durch ausgefallenere Posen und Farben aus, die den Charakter der dargestellten Person besonders betonen. Meist für Freunde und Verwandte entstanden in diesen Jahren weitere, auffallend leicht und flüssig gemalte Portraitskizzen in Öl (z. B. M 172, M 183, M 184). In einer Fülle von Landschaften »malte sich Ernst Oldenburg frei«[44]: Sein Pinselstrich wurde lockerer, großzügiger und orientierte sich weniger an der Form (z. B. *Drei Eichen* (M 69, 1958)[45]). Den bewegten Duktus und die Pastellfarben des Impressionismus aufnehmend, erweiterte der Künstler seine bisherige Palette fein abgestufter, an der Natur ausgerichteter Farben durch lebendige, kräftige Farben wie Hellblau oder Orange (M 40, M 86).

Erneut fuhr Ernst Oldenburg nach Paris und traf sich dort mit führenden Mitgliedern der ›Ecole de Paris‹, mit Serge Poliakoff (1900–1969), Hans Hartung (1904–1989) und Zoran Anton Music. Diese Künstler hatten sich nach einer Phase gegenständlicher Arbeiten in den fünfziger Jahren der abstrakten Malerei zugewandt. Oldenburg interessierte sich für ihre noch gegenständlichen Werke ebenso wie für die autonome Farbe. Trotz der offensichtlichen stilistischen Unterschiede lassen sich, wie bereits beschrieben, Verbindungslinien zu Werken Musics ziehen. Poliakoffs abstrakte Farbfeldmalerei mit ihren intensiven, reinen Farben hinterließ jedoch wohl den nachhaltigsten Eindruck bei Ernst Oldenburg und inspirierte diesen bei seiner Hinwendung zur Typenmalerei: Geschlossene Umrisse, feste Körperformen und wenige, gezielt ausgewählte, kräftige Farben finden in den fünfziger Jahren Eingang in Oldenburgs nun spannungsreicher angelegten Kompositionen. Doch auch die Kunst der Klassischen Moderne, die Oldenburg erneut in Paris gesehen haben wird, behielt ihren wesentlichen Einfluß auf den Künstler.

Vom Leben der Fischer und Bauern Bis zu seinem Tod malte Ernst Oldenburg genrehafte Fischer- und Bauernszenen. Diese Gemälde bilden einen eigenen Motivstrang innerhalb seines Werkes, der immer wieder mit den abstrahierten Figurenbildern motivisch und stilistisch parallel lief, nie jedoch seine Eigenständigkeit einbüßte.
In dem Ölgemälde *Fischer* (M 81; Abb. S. 128) von 1959[46] knüpfte Oldenburg nach vierzehn Jahren stilistisch an sein frühes Bild *Fischerkomposition* (M 267) aus dem Jahr 1931 an. Er entschied sich nun für eine gedeckte, naturalistische Farbigkeit, durchsetzt mit Blau- und Grüntönen, und einen bewegten, expressiven Pinselduktus. Die Fischergemälde des Expressionismus, zum Beispiel Max Pechsteins *Fischerboot* aus dem Jahre 1913[47], fungierten mit Sicherheit als wichtige Anregung. Im Vergleich von Pechsteins bildlicher Konzeption und Oldenburgs Szene werden die Gemeinsamkeiten im bewegten Duktus, der expressiven Farbigkeit und in der starken Typisierung der Figuren deutlich – aber auch die große zeitliche Distanz zwischen dem Gemälde von 1931 und Oldenburgs Interpretation etwa 40 Jahre später. Oldenburg faßte die Figuren anonymer auf und gestaltete den Bildraum wesentlich abstrakter als seine expressionistischen Vorbilder. Darin deuten sich erste Schritte des Künstlers hin zu seinen reduzierten Figurenbildern an, deren Abstraktionsgrad er in den siebziger Jahren in Szenen der Feldarbeit konsequent weiter steigerte. Von den achtziger Jahren an bis zu seinem Tod 1992 verlieh Oldenburg seinen Genreszenen einen weitgehend zeitlosen Charakter, indem er sich ausschließlich auf die Darstellung von Typen konzentrierte, während er stilistisch und motivisch aus

seinem Repertoire der siebziger Jahre schöpfte. Subtil wie in seinen Figurenbildern, variierte er hier bekannte Motive und formulierte in Farbe und Stil unterschiedliche Stimmungen.
Nach seinem Schlaganfall 1988 malte Oldenburg mit der linken Hand weiter. Die Folge war ein meist flächigerer, lasierender Pinselduktus, der ab diesem Zeitpunkt seinen Bildern eigen ist. Mit einer zunehmend intensiven, auf wenige kontrastierende Farben konzentrierten Palette verlieh er seinen Arbeiten einen einprägsam heiteren, weltentrückten Charakter. In einer reduzierten Formensprache entwickelten sich nun ruhige, ausgewogene Kompositionen, in denen die Arbeit auf dem Feld geschildert wird. Die Genreszenen veranschaulichen die gemeinsame Arbeit der Bauern in der Natur und die Sorge um die Grundnahrungsmittel Kartoffel und Korn. Die mitunter farblich akzentuierten Kleidungsstücke, die Kopftücher, Hosen oder Schürzen, beleben die häufig in erdigen Farben gehaltenen Kompositionen, ohne jedoch erkennbar als Tracht oder zeitgemäße Kleidung gedacht zu sein. Die fehlenden Hände und Füße der Figuren verstärken den Eindruck, daß Oldenburg hier anhand anonymer Figurentypen auf einer allgemeingültigen Ebene beispielhaft ein bodenständiges, mit der Natur verbundenes Leben vorführen wollte. Schuf der Künstler mit diesen Motiven also Urbilder des Landlebens, wie er es selbst in seiner Kindheit erlebt hatte? Der tief gezogene Horizont seiner Gemälde ist typisch für die flache Landschaft an der Ostseeküste, der Heimat Oldenburgs. Gegen Ende seines Lebens erschienen ihm offensichtlich die grundlegenden Erfahrungen des Landlebens, der Arbeit in der Natur, in ihrem Wert für den Menschen noch einmal besonders darstellungswürdig.

Vom Genre zur Frage nach den Konditionen der menschlichen Existenz Parallel zu den thematisch und stilistisch stärker traditionell ausgerichteten Genremotiven entwickelte Ernst Oldenburg Ende der fünfziger Jahre in seinen Figurenbildern eine zunehmend abstrahierte Körpersprache. Nun weitgehend aus zeitlichem und sozialem Kontext herausgelöst, fungierten diese Figuren für Oldenburg als Exempel menschlichen Seins, sie wurden zum Typus. Hier konnte er unterschiedliche Bedingungen menschlicher Existenz – Liebe, Zuneigung, Trauer, Ablehnung – allgemeingültig formulieren.

Ein frühes Beispiel der ausdrucksvollen Figurensprache Oldenburgs ist die *Skizze ›Zwei Menschen‹* (M 82, 1959; Abb. S. 139)[48], die in seinem Œuvre den Übergang von der Darstellung des individuellen Menschen zu der der abstrahierten Figur dokumentiert. Hinwendung, Abwarten und Zuneigung prägen das Verhältnis der beiden Figuren zueinander. Die Komposition weist bereits stilistische Merkmale der sechziger Jahre auf: In dieser Zeit steigerte Oldenburg die Reduktion der nun gesichtslosen, aber bekleideten Figuren und definierte den Bildraum nur noch anhand einiger weniger Angaben oder verzichtete sogar ganz auf seine Konzeption.

In intensiven Farben, mit auffallenden Gelbtönen kontrastierend zu Violett, Orange und Türkis, schuf Oldenburg Anfang der sechziger Jahre von Kummer, Melancholie oder von Nachdenklichkeit geprägte anonyme Typenbilder (G 58, M 154, M 157, M 159)[49]. Die Gemälde zeigen Variationen eines gemeinsamen Motivs: Eine gebeugte Gestalt geht mit schweren Schritten und herabgesunkenen Schultern auf die Sonne zu. Die Sonne kann als Ziel des Weges, als ein Erlösungszeichen gedeutet werden. Expressiv und düster wirkt die jeweilige Farbpalette. Weitgehend gelöst aus jeglichem sozialen, zeitlichen oder geographischen Kontext stellt Oldenburg hier erstmals Schmerz bzw. Trauer ins Zentrum seiner Gemälde. Die Last von Kummer und Trauer – eventuell die Last eines Lebensweges? – wird von einer Figur verkörpert, die in ihrer Geschlechtslosigkeit und Anonymität verschiedensten Betrachterperspektiven offensteht.

Diese Bilder dokumentieren den Übergang von naturalistischen Genreszenen zur Typenmalerei. Oldenburg reduzierte nicht nur die Form und gab der Farbe einen hohen emotionalen Ausdruckswert. Von der Schilderung des bodenständigen Lebens der Fischer und Bauern ausgehend, erweiterte er zudem den inhaltlichen Aspekt seiner Bilder insofern entscheidend, als die Genreszenen zur Darstellung menschlicher Existenzfragen im allgemeinen werden. Seit den sechziger Jahren liefen diese zwei Motivstränge schließlich parallel und in gegenseitiger Beeinflussung.

Ende der sechziger Jahre fand Oldenburg in Unna-Kessebüren ein neues Zuhause. Im Rückblick auf seine sich über Jahre hinziehende Flucht und Heimatlosigkeit schien er Trauer und Schmerz noch einmal zu erleben und in seinen Figurenbildern zu verarbeiten. Zudem klingt in diesen Gemälden seine Weltanschauung, orientiert an Schopenhauer, an. Ausgehend von der Schopenhauerschen Idee der Welt als Wille und Vorstellung, sah Oldenburg offensichtlich im Willen die Basis des Lebens. Den Menschen verstand er als einen dem Prinzip des Lebens Unterworfenen und erkannte zugleich die Unerfüllbarkeit seines Strebens, das zum Leiden am Leben führt. Im Geiste Schopenhauers sah er seine Aufgabe darin, mittels Kontemplation und der ungewöhnlichen Kraft der Phantasie, die dem Leben zugrundeliegenden Ideen aufzufassen, darzustellen und dadurch das (eigene) Leid zu sublimieren. Vor diesem Hintergrund ist es nachvollziehbar, daß Oldenburg in seinen Bildern den leidenden Menschen, seine Trauer und seinen Schmerz als das zentrale Thema auffaßte, ohne Aussicht auf Trost. Hoffnung wird nur angedeutet, Erleichterung wird nicht gezeigt. Nach Schopenhauer bleibt das Streben als alleiniger Wesenszug des Willens immer unbefriedigt, Trost bleibt unerreichbar. Als Weg zur Erlösung, als Hoffnung bot Oldenburg jedoch die Liebe zwischen den Paaren, zwischen Mutter und Kind und Vater und Sohn an. Im Spätwerk bettete er diese Szenen darüber hinaus in einen christlichen Kontext, wahrscheinlich, um den grundlegenden, zeitlosen Charakter der menschlichen Erfahrungen zu betonen. Kann es dieser Anschauung, diesem Menschenbild nach Erlösung geben? Eine indirekte Antwort bieten Oldenburgs Genrebilder: Trotz seiner Vorliebe für die Genremalerei fehlt seinen Bauern- und Fischerszenen der heitere, idyllische Charakter. Polychrome, lebhaftere Szenen sind in seinem Werk ohnehin selten. Oldenburg malte Bilder von Trauer und Schmerz, Kontemplation und Meditation, wie bereits an ihren Titeln abzulesen ist. Den von Schopenhauer in seinem Hauptwerk ›Die Welt als Wille und Vorstellung‹ empfohlenen Weg von der Kontemplation zur Erkenntnis ließ der Künstler von seinen Figuren, besonders von den ›Peripathetikern‹[50], verkörpern. In der Abstraktion sah er die Möglichkeit, das zufällige Erscheinungsbild des Lebens zu entlarven, um Grundstrukturen des Lebens zu enthüllen.

Allein, zu zweit oder zu dritt: Beziehungen  Dem Schicksal des Menschen galt Ernst Oldenburgs Interesse von den späten fünfziger Jahren bis zu seinem Tod. Die Anzahl der Dargestellten, ihre Haltung, Gestik, die Ausprägung ihrer Körperlichkeit nutzte er, um immer wieder neu menschliches Miteinander zu hinterfragen. In seinen Figurenkompositionen – ein- und zweifigurige Gemälde, Dreiergruppen, selten größere Gruppen – thematisierte Ernst Oldenburg grundlegende menschliche Erfahrungen und Gefühle wie Liebe, Angst, Ablehnung, Trauer und Schmerz. Immer seltener waren es Individuen, sondern immer häufiger Typen, die der Künstler als zeitlose Stellvertreter der menschlichen Existenz ins Bild setzte.

Die Einzelfiguren hocken oder lagern meist in einem unbestimmten Farbraum. Die artifiziellen Haltungen und Drehungen in den frühen Arbeiten sind vom Tanz inspiriert. Die ornamentale Wirkung der Figurenanlage, die Anonymität des Gesichtes und die stilisierte Körperlichkeit zum Beispiel der Figur in der *Komposition ›Hockende‹* (M 139, 1964; Abb. S. 169 r.)[51] erinnern an die Linienführung und Figurenauffassung des Jugendstils, ein Eindruck, der durch die lasierend aufgetragene, grüne Farbe noch unterstrichen wird. Die *Hockende* (M 171; Abb. S. 199) von 1968[52] zeigt Ernst Oldenburgs schnell gewonnene Sicherheit: Mit einer anspruchsvoll differenzierten Palette von Schwarz über Grün, Blau bis Weiß setzte der Künstler eine in die Fläche gedrehte weibliche Figur mit einem Lichtakzent auf Schultern und Armen in einen kaum ausgeleuchteten Bildraum. Oldenburg selbst schätzte diese Arbeit offensichtlich, zitierte er doch die Figur in späteren Gemälden wie dem Teil II seines Triptychons *Menschenfries* (M 222; Abb. S. 218/219) von 1970.[53]

Differenzierte Körperlichkeit mit ausgeprägten Brüsten, kräftigen Muskeln und kleinen Köpfen kennzeichnen die weiblichen Akte der siebziger Jahre. Ein Knie aufgestellt, die Arme leicht hinter den Rücken genommen und den Kopf geneigt, hocken sie meist formatfüllend, jedoch nicht vom Rand überschnitten, in einem imaginären Bildraum. Intensives Rot, Blau, Grün und Gelb, selten Pastelltöne, erzeugen wahlweise eine lebendige, meditative oder geheimnisvoll dunkle Atmosphäre. Die Körper heben sich häufig durch eine lichte Farbigkeit, die sie umspielt, vom Bildgrund ab, wenn nicht die Figur, wie in der *Hockenden* (M 265, 1973), gänzlich in einen neutral weißen oder silbernen und damit unbestimmte Weite und Zeitlosigkeit suggerierenden Bildraum gestellt ist.

In seinen zweifigurigen Kompositionen beschäftigte sich Ernst Oldenburg vor allem mit der Vielfalt von Gefühlen und Zuständen einer Paarbeziehung. Er zielte darauf, die verschiedenen Möglichkeiten von Zusammensein zwischen spielerisch gelebtem Gegensatz und körperlicher Nähe auszuloten. Das komplexe Beziehungsgeflecht zwischen zwei Menschen, geprägt entweder vom Gleichklang oder von der Gegensätzlichkeit, findet hier seinen Ausdruck in der Körpersprache der Figuren und den gewählten Farben. In der *Komposition Braun-Grau* (M 296)[54] und den *Zwei Figuren* (M 301, 1975) etwa formulierte Oldenburg eine in ihrer ocker- und silbergrauen Farbwahl fast unwirklich anmutende Szene eines Paares, das, in die Zweisamkeit und das gegenseitige Werben versunken, die es umgebende Welt vergessen zu haben scheint.

In den Paarbildern der folgenden Jahre variierte Oldenburg die hier bereits erarbeiteten Posen, so die hockende Haltung mit seitlich zusammengelegten Armen und die Hinwendung zum Partner mit erhobenen Händen, ohne sich jedoch exakt zu wiederholen. Seine stehenden bzw. hockenden Figuren oszillieren zwischen Dynamik, Bewegung und Ruhe, Insichgekehrtsein. Der Charakter der jeweiligen Paarbeziehung findet seinen Ausdruck in der von Oldenburg gewählten Farbigkeit: Heiter in hellem Weiß und lebhaftem Orange, angespannt in Gelborange, geheimnisvoll in dunstigen Blau-Grüntönen. Einige Paare sind durch die gleiche Farbpalette miteinander verbunden, andere hingegen im Hell-Dunkel- oder Weiß-Orange- bzw. Rosa-Grau-Kontrast einander gegenübergestellt. Die alterslosen, aus jeglichem Kontext herausgelösten Paare scheinen in ihrer eigenen Welt versunken, ohne Interesse an ihrem Umfeld.

Bis zu seinem Tod ließ das Interesse des Künstlers an den vielfältigen Beziehungsmöglichkeiten von Paarkonstellationen nicht nach. In zunehmend imaginären Bildräumen von intensiver, bevorzugt lasierend aufgetragener Farbigkeit setzte er die Figuren zueinander in Beziehung. Liebe, Zuneigung und Freundschaft standen für Oldenburg als Themen im Zentrum; seltener weist ein Motiv wie das Sich-Abwenden auf Entfremdung oder Mißtrauen.

Das Hinzufügen einer dritten Figur ermöglichte Oldenburg in einem nächsten Schritt die Erweiterung seiner Paarszenen um ein zusätzliches Spannungselement. Die Beziehungen der so erweiterten Figurenkonstellationen kann harmonisches Miteinander ebenso prägen wie Isolation und Einsamkeit. Als Beispiel sei hier Oldenburgs *Drei Menschen im Gespräch* (M 193, 1966; Abb. S. 145 re.)[55] genauer betrachtet. Subtil setzte der Künstler Farbe und Körpersprache der Figuren ein, um ihre Beziehung untereinander zu definieren: Hintereinandergesetzt und sich so überschneidend, bilden die zwei rechten Figuren eine Einheit, während die linke für sich, isoliert steht. Die sich in den Körpern wiederholenden Farben Umbra und Blau setzen jedoch alle drei Figuren in gleichem Maße zueinander in Beziehung. Verstärken die einander zugewandten Köpfe diesen Eindruck zusätzlich, suggerieren die angewinkelten Knie, die sich wegdrehenden Schultern und die nach außen zeigenden Füße im selben Moment ein Sich-Abwenden, ein Auseinanderstreben – die Szene lebt genau von dieser Spannung zwischen Nähe und Distanz. Diese Ambivalenz von Gegensatz und Verbundenheit, Ausdruck der Komplexität menschlicher Beziehungen, ist bis in die neunziger Jahre generell charakteristisch für die Dreiergruppen Oldenburgs und unterscheidet diese deutlich von den Paarbildern des Künstlers.

Die Gruppe der sogenannten *Peripathetiker*-Arbeiten Oldenburgs (M 228[56], M 472, M 563) nimmt innerhalb des Bereichs der Figurenbilder ›à trois‹ eine Sonderstellung ein. Die vom Künstler selbst gewählte Bezeichnung leitet sich vom griechischen ›peripatein‹ (umherwandeln) ab und wurde für die Schüler und Anhänger des Aristoteles verwendet, die in den Wandelgängen (›Peripatoi‹) des Lykeion-Gymnasiums diskutierten, in denen der Philosoph zunächst lehrte. Im Rahmen dieser kleinen Werkgruppe fand Oldenburg offenbar die ideale bildliche Form für das durch den Titel bereits suggerierte Diskurs-Prinzip: These, Antithese und Synthese werden durch die drei parallel ausschreitenden, in offensichtlich reger Diskussion versunkenen, gesichts- und alterslosen Figuren verkörpert. Dieses gemeinsame Vorwärtsschreiten unterscheidet die Werksektion der *Peripathetiker* von den beieinanderstehenden Figuren in anderen Dreiergruppen Oldenburgs wie etwa der *Komposition Dreiergruppe* (M 180; Abb. S. 215) von 1968. Dieses Gemälde zeigt eine zentral gesetzte weibliche Figur zwischen zwei männlichen Figuren – für die greifbare Spannung hat Oldenburg mit dem Motiv der in verschiedene Richtungen weisenden Füße der Protagonisten eine sprechende bildliche Form gefunden.

Eine kleine, selbständige Themengruppe bilden auch die fünf Gemälde *Atlantic City*, die um 1990 in Erinnerung an eine längere Reise Oldenburgs in die Vereinigten Staaten im Jahre 1977 entstanden.

In jenem Jahr hatte der Künstler bereits den Linoldruck *Atlantic City* (D 6), der drei schwarze Akte vor einem leuchtend roten Hintergrund zeigt, gearbeitet. Heitere Gelassenheit und Lebensfreude sprechen aus den mehr als zehn Jahre später in intensiven, hellen Farben ausgeführten Bildern gleichen Namens (M 462, M 451, M 452, M 294). Sonne, Strand und Meer bilden den entspannten Rahmen für die sich sonnenden Akte. In *Atlantic City II* (M 462, 1990; Abb. S. 283 o.)[57] etwa streckt unschuldig und doch provozierend eine junge Frau ihre Arme in die Luft und präsentiert ihren zarten, rosafarbenen Körper selbstbewußt dem Betrachter. Ihr zur Seite sind zwei kauernde Akte gesetzt: Sie werden von leuchtend hellblauen, kobaltblauen und lindgrünen Flächen vor einem leuchtend roten Grund gerahmt, der die verhaltene Erotik der Szene noch steigert. Die unbeschwerte Heiterkeit dieser Bilder muß um so mehr überraschen, als sie zu einem Zeitpunkt entstanden, an dem Oldenburg, aufgrund des erlittenen Schlaganfalls rechtsseitig gelähmt, nur unter extrem erschwerten Bedingungen weiterarbeiten konnte.

Innerhalb des über Jahrzehnte gleichbleibenden Motivkanons der Figurenbilder entwickelte Oldenburg einen weitgefaßten Fundus an Detaillösungen, der Wiederholungen in seinem Werk ausschloß. Auf den ersten Blick sehr ähnlich, lassen sich zwischen den verschiedenen Bildlösungen der Figurengemälde tatsächlich nur wenige konkrete Parallelen ziehen: Die im Vordergrund Hockende der *Komposition ›Zwei Menschen‹* (M 119, 1965; Abb. S. 173) nahm der Künstler ein Jahr später in seiner *Komposition ›Zwei Sitzende Braun-Blau-Schwarz‹* (M 196, 1966) wieder auf. Die rechte Figur, ursprünglich der linken vertrauensvoll zugewandt, kniet nun mit dem Rücken zu dieser, lediglich ihr Blick über die Schulter zurück stellt den Kontakt zum vormaligen Partner her. Als Konsequenz aus dieser kompositorischen Veränderung hat sich nun auch der Schwerpunkt der Bildaussage verlagert: Aus der Hinwendung und Nähe in der Zweiergruppe von 1965 ist eine von Spannung und Distanz geprägte Beziehung geworden.

Unklar bleibt der Einfluß von Oldenburgs eigener, wechselvoller Biographie auf die von ihm in den Figurenbildern untersuchten Grundkonstanten der menschlichen Existenz. Sein intensives Studium insbesondere der Werke von Aristoteles, Schopenhauer und Nietzsche zeugen jedoch in jedem Falle von einer Persönlichkeit, für die die elementaren Seinsfragen stets im Zentrum des Interesses standen.

Maternité – das Mutter-Kind-Motiv Parallel zu der großen Gruppe der in ihrer Anonymität häufig ambivalenten Figurenbilder formulierte Oldenburg mit den – zu Teilen gezielt christlich konnotierten – Motivgruppen ›Mutter und Kind (Maternité)‹ sowie ›Vater und Sohn‹ konkreter lesbare Bildlösungen zu ›seinen‹ Themen der Liebe, Hingabe, Verzweiflung und des Trostes.
Mutterschaft – ›Maternité‹ – nannte der Künstler die eine dieser zentralen Motivgruppen, die er ab Mitte der sechziger Jahre entwickelte. Das Vertrauen und die sinnliche Beziehung zwischen Mutter – wahlweise junges Mädchen, reife Frau oder androgyne Figur – und ihrem Kind – variierend zwischen Säugling und Kleinkind – ist das Thema dieser Szenen. Mit der Wahl des Mutter-Kind-Motivs stellte Oldenburg sich bewußt in die lange ikonographische Tradition dieses Themas. Seine zum Typus stilisierten Mutter-Kind-Gruppen werden zu Sinnbildern uneingeschränkter Liebe, zum Identifikationsobjekt des Betrachters.
Bereits in dem wohl frühesten Gemälde dieser Motivreihe, *Maternité* (M 583; Abb. S. 170 li.) von 1965, fand Oldenburg eine überzeugende Bildlösung für die Darstellung der engen Verbundenheit zwischen Mutter und Kind: Die Figur der schreitenden jungen Frau ist mit ihrem Kind, das sie auf dem Arm trägt, durch die geschlossene Umrißlinie zu einer Einheit verschmolzen. Die Wiederaufnahme dieser Konzeption in den siebziger Jahren in einer Bleistiftskizze (Z 152)[58] und noch einmal 1987 in einer kleinformatigen, zarten Gouache (G 90)[59] zeugen von der Wertschätzung, die Oldenburg seiner Lösung entgegenbrachte.
Den Sitztypus wählte der Künstler in dem in hellen Brauntönen gehaltenen Ölbild *Maternité* (M 118, 1965; Abb. S. 171 li.).[60] Die Frau hebt ihr Kind hoch oder zieht es an sich. Die Innigkeit der Verbindung wird in dem Spannungsbogen deutlich, der beide Körper, die sich kaum berühren, miteinander verbindet. Das Motiv taucht in verschiedenen Skizzen immer wieder auf, bevor es 1988 in der *Maternité Blau-Orange* (M 463; Abb. S. 327)[61] noch einmal eine besonders ausdrucksstarke

Formulierung findet. Auf leuchtend blauem Grund setzte hier Ernst Oldenburg, nun mit der linken Hand, die Rückenfigur der Mutter mit dem in die Luft gehobenen Kind. Der Künstler hat den Bildtypus auf das Wesentliche des Ausdrucks konzentriert und mit einer eindringlichen Linienführung zu einem zeichenhaften Motiv verarbeitet, das in intensiver Weise die Innigkeit und Leichtigkeit des Glücks auszudrücken vermag.

In dem Gemälde *Sommer* (M 291) aus den sechziger Jahren[62] ist das Motiv der ›Maternité‹ in einen bäuerlichen Kontext gerückt: Die Frau mit dem Wickelkind sitzt hier auf einem Acker, neben sich einen Kartoffelkorb. Indem die Knie wie zu einer Herzform zusammengeschlossen sind, erhält die Figur eine stark blockhaft wirkende Form, in die sich der kleine Kopf auf überlangem Hals integriert. Vorbild für die wie zu einer Herzform zusammengefaßten Knie[63] ist die an ein Ornament erinnernde weibliche Figur in dem Gemälde *Komposition Hockende Orange-Grün* von 1963 (M 612)[64]. In diesem Bild betonte Oldenburg mit der Rundung der Knie, dem Bogen der Schultern und dem bewußt kleinen Kopf die üppige Weiblichkeit, eingebettet in reiche Vegetation, die die Rundungen des Körpers aufnimmt und ihre Formen in ihrer Wirkung verstärkt.

Den Typus der sitzenden Mutter mit dem spielenden Kind auf den Knien verarbeitete Oldenburg in den folgenden Jahrzehnten in einer ganzen Reihe von Bildern: So sitzt z. B. in dem Gemälde *Maternité* von 1968 (M 185) das hier ältere Kind, die Arme im Spiel ausgebreitet, auf dem Schoß der Mutter.[65] Die fast ornamental anmutende Konturenzeichnung in Gouache auf Leinwand führte Oldenburg mit großer Leichtigkeit aus, schnell, die heruntergelaufenen Farbtropfen zeugen noch von der Spontaneität der Entstehung. Möglicherweise stand ihm hier seine Tochter mit der Enkelin Modell – zumindest überließ Oldenburg das Gemälde seiner Familie als Weihnachtsgeschenk.

Neben dem schreitenden und dem sitzenden Typus zog Oldenburg als dritte Variante den Typus der stehenden Mutter zur Auslotung seines ›Maternité‹-Themas heran: Die *Maternité* (M 384) von 1975 lebt von der lebhaften Kommunikation zwischen der im Bildzentrum stehenden Mutter und dem vor ihr agierenden Kind. Die warme orange-rot-grüne Farbigkeit vermittelt sprechend das Gefühl enger Zusammengehörigkeit. Gemäß dem Stil dieser Jahre konzipierte Oldenburg die Körper auf-

fallend schmal und androgyn, reduzierte die Landschaft auf ihre Grundzüge und konzentrierte seine Farbpalette auf Blau-, Grau- und Orangetöne.
Das ›Maternité‹-Thema verarbeitete Oldenburg auch in seinen Skulpturen: 1977 entstand die Bronzeplastik *Mutter mit zwei Kindern* (S 103; Abb. S. 268), in der die Dynamik der Körper im Zentrum seiner künstlerischen Überlegungen stand. In einer Sandsteinplastik (S 69; Abb. S. 255) aus dem gleichen Jahr führte er die Dreiergruppe näher zusammen – die Kinder schmiegen sich an den Körper der Mutter, die Skulptur findet so zur Einheit und Ruhe. Oldenburg reagierte mit dieser Konzeption auf die materialspezifischen Eigenschaften des Kunststeins, dessen poröse Beschaffenheit eine der Bronze vergleichbare, kleinteiligere Behandlung verbot.

Verzweiflung und Trost – Christlich-religiöse Aspekte in den Figurenbildern Das Thema von Verzweiflung und Trost beschäftigte Oldenburg bereits seit dem Ende der fünfziger Jahre. Enthielt schon das ›Maternité‹-Motiv den deutlichen Bezug zum Thema ›Madonna mit Kind‹, wählte er mit den Sujets der ›Pietà‹ und des ›Verlorenen Sohnes‹ zwei weitere, klar christlich konnotierte Bildinhalte.
1963 entstand die großformatige *Pietà* in Öl (M 536), zeitgleich zu Oldenburgs ersten Figurenbildern und ohne nachweisbare Vorstudien oder vorangegangene vergleichbare Verarbeitungen von Themen aus dem Bereich der christlichen Ikonographie. Sollte tatsächlich der Tod John F. Kennedys der Anlaß dieser neuen Motivwahl gewesen sein, wie der Künstler in Gesprächen mit seiner Tochter immer wieder betont hat?[66] Sah Oldenburg in dem allgemein vertrauten Motiv ein zeitlos gültiges Bild für grundlegende Seinsfragen des Menschen? Fand er vielleicht in der *Pietà* die Verzweiflung am Leben an sich gespiegelt, die er selbst, geprägt durch seine Kriegserfahrungen, die Zerstörung seiner gesellschaftlichen Ideale in der DDR und die daraus folgende Flucht in die Bundesrepublik empfand? Offenbar erlebte er den gewaltsamen Tod des amerikanischen Präsidenten als eine erneute Zerstörung seiner Hoffnungen auf eine bessere Welt.
Die rechte Bildhälfte der *Pietà* wird von der Muttergottes dominiert, die den Leichnam Christi auf ihren Knien hält. Etwas weiter in den Bildhintergrund gerückt, erscheinen links drei Assistenzfiguren,

bei denen es sich wahrscheinlich um Maria Magdalena, Johannes den Jünger und eine weitere, nicht zu identifizierende weibliche Figur handelt. Durch die ihnen gegebene Farbigkeit klar in zwei Gruppen geteilt, sind die fünf Protagonisten dennoch in Form einer pyramidalen Dreieckskomposition zu einer Einheit zusammengefaßt. Die Lichtführung, dank der Konzeption der Szene als Nachtszene noch zusätzlich gesteigert, garantiert der irrisierenden Farbigkeit hohe expressive Ausdruckskraft. Hoffnungslosigkeit und Trauer stehen im Zentrum des Bildes, der Schmerz um den Verlust Christi scheint alles andere zu dominieren. Und dennoch sind Oldenburgs Wahl der Farben und seine Konzeption der Christusfigur als erste Hoffnungszeichen, als Trost zu lesen: Mutter und Sohn sind in warmen Rot-Gelb-Tönen gehalten, während der Rest der Szene in kaltem Violett-Blau-Schwarz versinkt. Der Körper des toten Christus scheint die Lichtführung auf sich zu fokussieren; das Licht, das in der Figur des Gottessohnes seine größte Helligkeit erreicht, erscheint hier, ähnlich wie in der bereits erwähnten Gouache *Schreitende* (G 58) drei Jahre zuvor, 1960, als göttliches Zeichen der Erlösung. Bemerkenswert ist auch die *Pietà schwarz-weiß* von 1963 (M 274; Abb. S. 165).
Oldenburg verfolgte das Thema des Todes Christi sowie weitere Themen aus dem Bereich der christlichen Ikonographie auch in den folgenden Jahren, im umfangreicheren Rahmen dann 1969 und 1970/71 in zwei Kreuzwegreihen. Selbständige Graphiken und Studien zum selben Themenkreis begleiteten diese Arbeit. Auf wenige Figuren konzentriert und in der reduzierten Palette von Schwarz und Weiß schilderte Oldenburg hier die Leidensgeschichte Christi.
In dem Gemälde *Trost und Verzweiflung* (M 279, 1961) setzte Oldenburg ein Thema um, das dem von ihm ebenfalls mehrfach bearbeiteten Motiv des ›Verlorenen Sohnes‹ mit einer stehenden, tröstenden und einer knienden, bittenden Figur nahesteht, dieses jedoch womöglich an emotionaler Kraft noch übertrifft. Verzweiflung und gewährter Trost finden hier eine bildliche Formulierung, die die generelle Gültigkeit dieser zutiefst menschlichen Erfahrung deutlich macht. Die Arme im ausdrucksvollen Gestus vor dem Gesicht verschränkt, ist die rechte Figur unter der Last ihrer Verzweiflung in die Knie gesunken; Trost scheint ihr jedoch in Gestalt der linken Figur sicher, die hinzugetreten ist und sich ihr mit ruhig vor der Brust gefalteten Händen zuwendet. Der fehlende Blick-

kontakt zwischen den beiden Protagonisten aber, ihre daraus resultierende Isolation und die in ihrer Wirkung kühl gewählte Farbigkeit, die von einer blauen Sonne dominiert wird, läßt offen, ob der Trost das Leid zu lindern vermag.

In den folgenden Jahren griff Ernst Oldenburg das Motiv von Trost und Verzweiflung immer wieder auf, so in den *Dreiergruppen* (M 146, M 164 und M 335; Abb. S. 164) aus den Jahren 1963, 1969 und 1971.[67] Stets ist hier eine tief gebeugte Figur mit in Trauer und Verzweiflung vor das Gesicht geschlagenen Händen dargestellt, der zwei weitere Figuren Trost zu geben suchen. Die aufsteigenden Kompositionslinien von der tiefgebeugten über die mittlere, leicht niedergebeugte bis hin zur aufrecht stehenden Figur bzw. von der tiefgebeugten zu den zu ihren beiden Seiten stehenden, tröstenden Figuren fassen die drei Protagonisten jeweils zu einer Einheit zusammen und verleihen den Bildlösungen eine immanente Dynamik. Mit dickem Pinselstrich folgte Oldenburg den Konturen seiner Figuren und arbeitete ihre Körpersprache heraus. Die meist zurückhaltende, gedeckte Farbgebung betont den ernsten, ruhigen Charakter der Darstellung.

In den die Gemälde begleitenden Zeichnungen (Z 15, datiert 1968, Z 3, datiert 1965, Z 120 von 1968)[68] experimentierte der Künstler mit verschiedenen Möglichkeiten, Verzweiflung und Trost bildlich zu fassen; die in ihrem Leid versunkenen, sitzenden oder stehenden Figuren dieser Blätter sind von überzeugender körperlicher Präsenz. Die Studien zeigen trotz ihres kleinen Formats aufgrund ihrer ausgearbeiteten, malerischen Gestaltung und der Betonung von Licht und Schatten, die dazu dient, die Figuren aus der Fläche zu lösen, große Eigenständigkeit. Ein besonderes Augenmerk widmete Oldenburg der ornamental anmutenden Führung der Körperlinien, die er kräftig nachzog und so den eher losen Strichbündeln eine Form zu geben verstand. Körperhaltung und Gestus nutzte der Künstler somit auch in den Zeichnungen, um den Prozeß räumlicher und seelischer Annäherung bzw. Distanzierung zwischen Menschen zu beschreiben. Die hier gefundenen Paarkonstellationen setzte er jedoch nicht in seinen Gemälden um, vielmehr scheint er Körperhaltungen ausprobiert zu haben, die er dann verwarf bzw. in seinen Gemälden zu abweichenden Lösungen weiterentwickelte.

Das Motiv des verlorenen Sohnes beschäftigte Oldenburg in diesen Jahren ebenfalls wiederholt. Präzise lotete er 1962, 1972 und 1973 in drei Gemälden die Beziehung zwischen Vater und Sohn anhand der Körperhaltung, des Gestus und vor allem der Distanz der Figuren zueinander aus.[69] Aus den Jahren 1961 und 1964 sind zudem zwei Zeichnungen[70] überliefert, in denen der Künstler in wiederum neuen Variationen das Thema durchspielte.

Oldenburg war offensichtlich auf der Suche nach einer Bildformel für die Darstellung des Themas ›Schuld und Vergebung‹. Die Wahl des bekannten biblischen Motivs des verlorenen Sohnes gewährleistete in seinen Augen das schnelle Verständnis seiner Bildaussage von Seiten des Betrachters und ermöglichte ihm gleichzeitig, die Handlungsweise und Körpersprache seiner Figuren zu motivieren. Alle drei Gemälde ähneln sich in ihrer Farbigkeit, Komposition und Aussage. Auffallend ist der stets gewahrte Abstand zwischen Vater und Sohn; auch ist die Hierarchie zwischen ihnen klar ausgeprägt, beugt sich doch der Sohn so tief zu Boden, daß er keinen Blickkontakt zu dem vor ihm stehenden Vater aufnehmen kann. Letzterer hat sich dem niedergekauerten Sohn zugewandt (M 209, M 258) bzw. dessen Kopf in seine Hände genommen (M 250) – in diesem Akt ist die Vergebung bereits enthalten, auch wenn die Distanz zwischen den beiden noch nicht ganz überwunden ist. Den Moment der Vergebung herauszustellen, ist offensichtlich Oldenburgs zentrales Anliegen gewesen. Die vorbereitenden Zeichnungen titulierte der Künstler bezeichnenderweise als ›Trost‹. Die Signifikanz der Körpersprache für die Aussage dieser Gemäldegruppen wird deutlich, wenn man das Motiv des verlorenen Sohnes mit ähnlichen, aber inhaltlich gänzlich verschiedenen Kompositionen Ernst Oldenburgs, mit den *Paaren*[71] vergleicht. Die Konstellation einer stehenden und einer knienden Figur ist in diesen Bildern klar als Liebes- oder Freundespaar erkennbar. Sind hier die Figuren bereits in Liebe miteinander verbunden, begegnen sich Vater und Sohn gerade.

Die späten Fischermotive   Im Spätwerk Oldenburgs taucht das Fischermotiv wieder auf; die seit den Anfängen des Künstlers vertrauten Genreszenen dienten ihm nun dazu, in neuer Weise grundlegende Bedingungen der menschlichen Existenz – wahlweise in einen christlich-religiösen Kontext eingebunden – bildlich zu fassen. Tod und Verzweiflung, jedoch auch Trost im Leid stehen in den relevanten Arbeiten im Zentrum. Vertraut ist die Setzung der stehenden und knienden Fischerfiguren in einer Strandkulisse; häufig sind die Männer nun jedoch mit der Bergung eines Toten beschäftigt. Dieselbe Szene öffnete Oldenburg wahlweise einer christlichen Konnotation, indem er eine kniende Frauenfigur – am Kopftuch als solche erkennbar – einfügte, die den Toten betrauert. Das Motiv der ›Pietà‹ und der ›Beweinung Christi‹ klingt hier unzweifelhaft an. Essentielle menschliche Erfahrungen von Verlust, Trauer und Trost erhalten in dieser Weise zeitlosen und damit allgemeingültigen Wert.

Wie gezeigt, hatte Ernst Oldenburg bereits 1931 in der *Fischerkomposition* (M 267; Abb. S. 66) einen toten Fischer, umringt von seinen Gefährten, in einem Gemälde festgehalten. Hintergrund dieser Sujetwahl war ein ihn tief bewegendes entsprechendes Erlebnis am Ostseestrand gewesen. Diesem Ereignisbild folgten, wie zu sehen war, in den sechziger und siebziger Jahren genrehafte Verarbeitungen des Fischermotivs, dann zunehmend die Darstellung isolierter, in die Diskussion versunkener Gruppen anonymer Figuren, herausgelöst aus jedwedem alltäglichen Kontext.

Ab 1988 finden sich die ersten Fischergenreszenen Oldenburgs mit dem erwähnten christlich-religiösen Akzent. Die *Fischerkomposition* (M 273; Abb. S. 337) aus eben diesem Jahr[72] etwa ist von einer markanten ›Pietà‹-Gruppe im Vordergrund dominiert. Die Fischer sind allein durch das Attribut ihrer Tätigkeit, die Ruder, als solche zu identifizieren. Jenseits dessen erinnert die Komposition bewußt an entsprechende Darstellungen der Beweinung Christi, wie sie aus unzähligen Beispielen der religiösen Kunstproduktion vertraut sind.

In welch hohem Maße die christlich-religiöse Aussage seiner Bilder für Oldenburg essentiell war, wird bei der Betrachtung seines letzten vor dem Tod entstandenen Gemäldes *Hoffnung* (M 510; Abb. S. 379) von 1991 deutlich. Wieder ist eine gebeugte vor einer stehenden Figur dargestellt. Das strahlende Gelb des Hintergrundes korrespondiert treffend mit dem von Oldenburg gewählten Titel des Bildes. Trost- und hoffnungspendend hat sich die linke Figur der rechten zugewandt, letztere erscheint weniger vom Leid niedergedrückt als ihre zahlreichen Vorgänger in Oldenburgs Œuvre. Blieb der Trost in den früheren Werken der siebziger Jahre unausgesprochen, den Verzweifelten nicht erreichend, ist hier die direkte Begegnung, das unmittelbare Trostspenden zum eigentlichen Bildthema geworden: Die Liebe, die dem Verzweifelten zuteil wird, findet ihren bildlichen Ausdruck im Licht, das sich in breiten weißen Pinselstrichen über Kopf, Schultern und Hände des Gebeugten ergießt. Zentrale Bibelmotive finden sich hier vereint: Die Themen ›Der verlorene Sohn‹, ›Der ungläubige Thomas‹ und ›Der Segen spendende Christus‹ verknüpfte Oldenburg zu einer allgemeingültigen Szene voll Wärme, Verzeihung, Demut und Hingabe. In seinem Spätwerk nutzte der Künstler das Motiv der Fischer jedoch auch als Sinnbild der Kontemplation, dem Ideal seiner durch Nietzsche, Schopenhauer und Aristoteles geprägten Weltsicht. Der Alltag des Lebens am Meer und damit das Genrehafte des Sujets traten konsequenterweise in diesem Moment zurück, wurden irrelevant. Das Gemälde *Fischer* (M 233) von 1971[73] ist ein Beispiel für diese Facette der Oldenburgschen Interpretation des vertrauten Motivs – und zugleich ein Sonderfall unter den insgesamt elf Fischerbildern der siebziger Jahre. Vor einer hochgezogenen Horizontlinie, die einen breiten Mittelgrund schafft, setzte Oldenburg hier eine Gruppe von sechs Figuren mit einem hockenden Paar in ihrer Mitte. Abgeschattete Grüntöne, mit Gelb und Schwarz subtil untermischt, lassen die Szene wie in einem diffusen Dämmerlicht erscheinen. Die autonome Qualität dieser Farbigkeit steigert die Anonymität der alters- und geschlechtslosen Gestalten zusätzlich. Nur der Bildtitel verweist auf das Thema ›Fischer‹, die Szene selbst gibt keinerlei Anlaß für diese genrehafte Identifizierung. Die Dargestellten definieren sich nicht, wie in den anderen Fischerbildern der siebziger Jahre, über ihre Attribute wie Ruder und Boote oder eine Hafensituation als Kontext. Statt dessen scheinen sie – jenseits einer konkreten ›Funktion‹ – in einem für den Betrachter unhörbaren Diskurs miteinander versunken, einem ›lautlosen‹ Gespräch. Einzig das einander vertrauensvoll zugewandte Paar suggeriert eine den Betrachter unmittelbar ansprechende und für ihn nachvollziehbare Nähe – hinter der gesamten Szene tritt der distanziert beobachtende Künstler zum Vorschein.

Lebendige, traditionelle Genreszenen schildern hingegen die anderen Fischerbilder dieses Jahrzehnts: Fischer an der Küste oder im Hafen mit ihren Booten und aufgespannten Segeln im Hintergrund. Vermutlich im selben Jahr wie die *Fischer* (M 233) malte Oldenburg die nun eindeutig als solche identifizierbare *Fischerkomposition* (M 336; Abb. S. 232 o.). Andere Fischerbilder dieser Zeit (etwa M 396[74]) thematisieren das Leben dieser Menschen mit Hilfe eines dem Betrachter ebenfalls vertrauten Motivkanons: Die Fischer stehen nach getaner Arbeit am Strand zusammen oder ziehen gerade ihr Boot an Land (M 326, 1973)[75]; ebenso gibt es Darstellungen der auf die Rückkehr ihrer Männer wartenden Frauen am Strand (M 447, 1990; Abb. S. 363).

Die typisierten, schmalen Figuren der achtziger Jahre haben jede Ähnlichkeit mit den kraftvollen Gestalten der Expressionisten und den differenzierten Genretypen des Frühwerks Oldenburgs verloren. Wie das Beispiel seines Gemäldes *Komposition Fischer* (M 500, 1988)[76] zeigt, wirken sie dennoch dynamisch; die harte Arbeit und das karge Leben hat sie nicht gezeichnet. Die weitgehend naturalistisch wiedergegebenen Landschaften schaffen den adäquaten Umraum für diese Szenerien. Eine klare, lichte Farbigkeit – helle Blau- und Rottöne – verstärkt den Eindruck von Leichtigkeit und Lebendigkeit zusätzlich. Der hier vermittelte Lebensoptimismus erstaunt (wie bei der 1990 ausgeführten Serie *Atlantic City*) umso mehr, als diese Kompositionen in einer Zeit entstanden, in der Oldenburg aufgrund seines 1988 erlittenen Schlaganfalls gezwungen war, sein künstlerisches Schaffen grundlegend umzustellen: Statt der rechten, vertrauten Künstlerhand konnte er nur noch die linke, völlig ungeübte gebrauchen. Sich nunmehr notgedrungen auf das Wesentliche in Form und Farbgebung konzentrierend, malte der Künstler jetzt intuitiver, mit leichter Hand seine Fischerszenen. Die Menschen auf diesen späten Gemälden wirken ruhig und zufrieden, im Einklang mit ihrer Arbeit und der Gemeinschaft.

In Zusammensicht der verschiedenen Phasen der Oldenburgschen Auseinandersetzung mit dem Fischermotiv über die Jahre hinweg zeigt sich, daß eben dieses Sujet dem Künstler die Möglichkeit bot, in beständiger Suche nach neuen Akzentverschiebungen wesentliche Inhalte seines Schaffens am Ende miteinander zu verbinden: sein Ideal von einem einfachen Leben in und mit der Natur, stets in Gemeinschaft mit anderen, die aus religiösen Motiven resultierende Hoffnung auf Trost und letztliche Erlösung und seine kontemplative Sicht auf die Welt.

## II. Zur Graphik Ernst Oldenburgs

Seit den fünfziger Jahren bereitete Ernst Oldenburg seine Figurenbilder mit Skizzen und eigenständigen Graphiken vor. In den Zeichnungen ist seine Suche nach der immer stärker abstrahierten Form an den zunehmend einfacher wiedergegebenen Gewändern und den mit Ziel einer expressiveren Wirkung veränderten Körperproportionen abzulesen (z. B. Z 14)[77]: Längere Beine, kleinere Köpfe und insgesamt schmalere Körper richten die Aufmerksamkeit des Betrachters verstärkt auf die angespannten, immer weniger naturalistisch aufgefaßten Körper. Insbesondere die Blätter mit Gruppen von etwa acht bis zehn kleinen Einzelfiguren lassen die Suche des Künstlers nach der ausdrucksvollsten Form unabhängig realistischer Körperdarstellung erkennen. Der Kopf ist stets das Energiezentrum des Korpus, vielfach schwarz ausgefüllt, während die Körper in Umrissen angelegt sind. Die Hände fehlen häufig. Einzelne Konturen sind nachgezogen, Bewegungslinien betont. Den Bildraum veränderte Ernst Oldenburg parallel dazu zur zeichenhaften Abstraktion: Schatten und einzelne Fragmente der Realität wie Bäume (z. B. *Skizze* (Z 170) datiert 1958) gab er in den sechziger Jahren nahezu ausnahmslos zugunsten eines imaginären, der Zeit enthobenen Bildraumes auf.
In verschiedenen Techniken, mit farbigem Kugelschreiber, Filzstift oder Bleistift, das Blatt drehend oder Szenen übereinander zeichnend, untersuchte Oldenburg die Proportionen der Körper und ihre Binnenspannung. Er arbeitete an Details (wie an der Armhaltung auf Blatt Z 235) formulierte Figuren für großformatige Ölbilder (Z 1, Z 227; Abb. S. 150 o., Z 244) oder studierte den Ausdruck verschiedener Kopfhaltungen (Z 137). Im Zentrum seines Interesses standen Spannungsmomente in Paarkonstellationen, Gefühle von Hinwendung und Trauer, von Liebe und Konfrontation. Oftmals scheint Oldenburg auf einem Blatt ein bestimmtes Gefühlsmoment in verschiedenen Variationen untersucht zu haben. In der Studie Z 187 etwa vermitteln die kauernden Figuren verschiedene Zustände von Traurigkeit bzw. Bedrückung (rechts oben), Melancholie (unten Mitte) und Nachdenklichkeit (unten links). Die drei Blätter Z 3, Z 15 und Z 120 geben zudem Einblick in Oldenburgs Arbeitsprozeß von den ersten in der Zeichnung angelegten Figuren bis zu deren konkreter Umset-

zung in Öl: Auf Blatt Z 120 z. B. hielt er mit dickem Bleistift eine bestimmte Körperhaltung fest, markierte sie mit breiten schwarzen Konturen. Im nächsten Schritt übertrug er die gefundene Form in kleine, gänzlich konturierte Figuren, in denen er die ihn in der Wirkung überzeugende Körperhaltung weiter konzentriert durchspielte. Während dieser Arbeitsphase verloren die Figuren kontinuierlich an Individualität, wurden zum Typus. Einmal als besonders ausdrucksstark erkannte Figuren wiederholte der Künstler in einer weiteren Phase der Verdichtung. Markante Details wie eine bestimmte Hals-, Rücken- oder Armhaltung fanden dann schließlich Eingang in die Gemälde. Als wie essentiell Oldenburg seine Skizzen für die Werkgenese empfand, zeigt seine der Tochter Karola gegenüber gemachte Äußerung »Der Bäcker backt morgens früh um vier seine Brötchen und ich mache meine Skizzen, um den Tag zu konzipieren«[78] – die Skizzen waren für ihn die Voraussetzung für den Start in den ›Arbeitstag‹.

Auch in den siebziger Jahren suchte Ernst Oldenburg mit Kugelschreiber oder Filzstift, seltener mit Kreide, in seinen Skizzen die ausdrucksvollste Haltung seiner Akte herauszuarbeiten. Auf kleinformatigen Blättern, meist im Format 21 × 29,5 cm, variierte er die verschiedenen Körperhaltungen der Figuren oftmals sehr detailliert, um den überzeugendsten Ausdruck für die Gefühle herauszuarbeiten, deren Träger die jeweilige Figur sein sollte. Die Fülle an Werken aus diesem Jahrzehnt läßt besonders gut Oldenburgs Arbeitsweise, das Ineinandergreifen von Graphik und Malerei, das reziproke Verhältnis der Gattungen zueinander, erkennen. Einzelne Szenen, beispielsweise auf den Blättern Z 152; Abb. S. 223 o., oder Z 159, skizzierte Oldenburg etwa nach einigen seiner Gemälde aus den sechziger Jahren. Im Findungsprozeß schnitt der Künstler immer wieder einzelne Figuren aus verschiedenen – durchaus auch nicht nur aus einer Schaffensphase stammenden – Blättern aus, um sie neu zusammenzufügen. Auf anderen Blättern skizzierte Oldenburg sitzende und stehende Einzelfiguren zusammen mit Paaren und Gruppen, für die er eigene Vorlagen aus ebenfalls unterschiedlichen Arbeitsphasen heranzog. Diese Blätter zeigen klar das Durchspielen der Körperhaltungen, das Ausprobieren der Wirkung neu gefundener Posen und das Testen variierender Ansichten wie etwa die wechselnden Profil- und Frontalansichten auf Blatt Z 140.

Wie noch zu sehen sein wird, trat in diesen Jahren im Schaffen Ernst Oldenburgs die Bildhauerei gleichberechtigt neben die Malerei. Belege dieser neuen Gewichtung finden sich auch innerhalb der Zeichnungen des Künstlers, begann hier Oldenburg doch, den Bildraum in seiner Ausdehnung klarer anzugeben, um das Volumen der geplanten Skulptur so früh wie möglich fassen zu können. Auf der Rückseite von Blatt Z 202[79] etwa hat er offenbar ein Steinvolumen andeuten wollen, aus dem mit leichten Schraffuren sich eine Figur gleichsam herausschält. Die Vorderseite von Z 202 zeigt darüber hinaus einen Akt in vier variierenden Ansichten – im Profil, leicht gedreht von links, von rechts und als Rückenfigur –, anhand derer sich Oldenburg wahrscheinlich die vier Seiten der projektierten Skulptur vergegenwärtigen wollte. Sind die Skizzen auf Z 202 offensichtlich ausschließlich mit Blick auf eine spätere Umsetzung in eine plastische Arbeit angelegt, ist es für viele der Zeichnungen Oldenburgs eher charakteristisch, daß sie die Entwicklung von Ideen unabhängig vom später eventuell gewählten Medium zeigen – Oldenburg verfolgte hier Entwürfe, deren Umsetzung ihm sowohl in der Malerei als auch in der Skulptur möglich erschien.

## III. Zur Skulptur Ernst Oldenburgs

Seit den frühen sechziger Jahren stand der Mensch im Mittelpunkt der künstlerischen Arbeit Ernst Oldenburgs, so auch in seinem bildhauerischen Werk. Der Künstler erarbeitete Einzelfiguren wie Figurengruppen aus Stein, Eisen, Holz und Bronze. Bestimmte zunächst der Motiv- und Formenfundus seiner Malerei seine plastischen Arbeiten, ließ Oldenburg bald die hier neu gewonnenen Erfahrungen wiederum in die Malerei einfließen.

### Zum Verhältnis von Skulptur und Malerei

Oldenburg entwickelte und erprobte erst ein Motiv in einer der beiden Gattungen, entweder Malerei oder Skulptur, um es anschließend in die jeweils andere zu übertragen. So verarbeitete er etwa das *Paar*, eine kleine, 39 cm hohe Kunststeinarbeit aus dem Jahre 1969[80] im zweiten Teil seines gemalten Triptychons *Menschenfries* von 1970[81] (Abb. S. 218/219). Das Paar in der Skulptur – die Frau hat ihren Kopf an die Schulter des Mannes gelegt, der seinen Kopf selbstbewußt erhoben hält – bringt in der Verschränkung der Körper die Intensität der Zweierbeziehung ausdrucksvoll zur Geltung. Im folgenden Jahr, 1970, verarbeitete Oldenburg dieses Paar in seinem Gemälde *Menschenfries*: Die markante, verschränkte Beinstellung und die sich zuneigenden Köpfe als Zeichen inniger Verbundenheit wurden beibehalten. Da Oldenburg das Paar hier jedoch als Teil der gesamten Figurengruppe des *Menschenfrieses* zeigen wollte, brach er die geschlossene Form des Paares auf und öffnete sie zum Betrachter hin. Auch berühren sich die Hände des Paares nicht mehr, ausgestreckt suggerieren sie nun die Verbindung der beiden Figuren zur restlichen Gruppe. Zudem zeigt sich die Einbettung des gesamten Figurenpersonals des *Menschenfrieses* in den Bildraum von Oldenburgs bildhauerischen Erfahrungen beeinflußt: Die farbigen, dem Umriß folgenden Pinselstriche verschaffen den zweidimensionalen Körpern optisch Raum, sich auszudehnen, sie suggerieren Bewegung, raumgreifende Dynamik. Hart gegeneinander gesetzte Licht- und Schattenfelder vermitteln den Eindruck vollplastischer Köpervolumen und unterstreichen darüber hinaus die spannungsvollen Beziehungen der Figuren untereinander. Die sinnlichen Qualitäten intensiver Farbigkeit, die er in den sechziger und erneut in den achtziger Jahren so schätzte, nahm Oldenburg hier zurück. Angeregt durch seine bildhauerische Tätigkeit, beschränkte er sich auf wenige gedeckte Farben und verstärkte statt dessen den Gegensatz zwischen der Plastizität der Figuren und der Leere des Bildraumes. Seine in der bildhauerischen Arbeit gewonnenen Erfahrungen mit Körpervolumen und Mehransichtigkeit übertrug der Künstler in diesem Bild unter kurzfristigem Zurückdrängen des malerischen Aspekts in die Zweidimensionalität. Der unmittelbare Vergleich zwischen den beiden Arbeiten macht deutlich, wie gezielt Oldenburg Gegensätze und Gemeinsamkeiten in den Stilmitteln von Malerei und Plastik nutzte, um jeweils unterschiedliche Aussagen – in der Plastik stärker ästhetische und in der Malerei vor allem emotionale – zu formulieren.

Schnell jedoch sollte Oldenburg die enge Verbindung von Bildhauerei und Malerei auflösen. Blieb auch die Reduktion der Form zentrales Stilmittel beider Gattungen, entwickelte Oldenburg in der

Bildhauerei doch eine eigenständige Formensprache mit individueller ästhetischer Zielsetzung. Für die Einzelfigur in den zwei Plastiken *Meditation II, ›Hockende‹* (S 73, 1979) und *Liegende in zwei Teilen* (S 56, 1974) z. B. fand der Künstler zu einer noch stärker reduzierten Formensprache als in seiner Malerei. Alle Binnenstrukturen der Glieder, die Details der Physiognomie sowie Hände und Füße sind integriert in einem blockhaften, klar strukturierten Kubus. Eine Vorstufe dazu findet sich in der großformatigen *Komposition Hockende Orange-Grün* von 1963 (M 621),[82] in der Oldenburg die weibliche Figur mit herzförmig zusammengefaßten Knien gleichsam zu einem Ornament stilisierte und den Körper in sich geschlossen präsentierte. Seine künstlerischen Ziele, die Konzentration der Form, die Lösung der Werkaussage von der individuellen Gestalt und die Formulierung überindividueller Erfahrungen verfolgte der Künstler somit mit den spezifischen Möglichkeiten beider Gattungen.

### Einflüsse

Wie in seiner Malerei, so ließ sich Ernst Oldenburg auch in seinem bildhauerischen Werk von der Klassischen Moderne inspirieren. Deutlich wird dies bei einem vergleichenden Blick auf Henri Matisses berühmtes Hochrelief *Rückenakt I–IV* (1909–1930).[83] An dem über zwei Jahrzehnte hinweg immer wieder bearbeiteten lebensgroßen Rückenakt läßt sich ablesen, in welchem Maße Matisse bei der Reduktion seiner Formen auf das Wesentliche zielte, ohne den Körper kubistisch zu brechen oder die Stufe der völligen Abstraktion erreichen zu wollen. Über die vier Entwicklungsstufen zwischen 1909 und 1930 des Werkes hin steigerte er den Abstraktionsgrad des Aktes stetig, indem er Details aufgab, Grundformen begradigte, die tragenden Vertikalen der Beine verstärkte und das Volumen der Arme reduzierte. Die Einzelformen werden von Stufe zu Stufe mehr zu Komplexen zusammengefaßt, die Figur erstarrt immer mehr in sich. Der vierte, letztliche Zustand schließlich zeigt nur noch zwei mächtige, geglättete Halbsäulen für den Rücken, getrennt durch eine plastische Mittelform, die aus der Verschmelzung von Kopf, Haar und Wirbelsäule entwickelt wurde. Sämtliche Binnenformen sind getilgt und in die plastische Gesamtform eingebunden. Figur und Grund, Volumen und Fläche sind harmonisch in Einklang gebracht. Aus einer individuellen Gestalt ist ein zeitloses Idol geworden.

Auf diesem hohen Abstraktionsgrad baute Ernst Oldenburg auf. Von Beginn an verzichtete er auf die Darstellung von Details. Die Figuren sind innerhalb ihrer festen Form beruhigt, ihre Tektonik überzeugt. Es ging Oldenburg nicht um die Darstellung individueller Eigenschaften, sondern um die Formulierung einer elementaren Aussage über den Körper an sich. Seine Arbeit *Stehende* (S 54) von 1974[84] ist hierfür ein signifikantes Beispiel. Wie Jahrzehnte vor ihm Matisse, verweigerte Oldenburg seiner Figur jegliche Anmutung von Vorwärtsbewegung, statt dessen verharrt diese in weiter Schrittstellung, ausbalanciert mit abgewinkelten Armen. Matisse ging von einer gegenständlichen, zunächst individuellen Plastik aus, die er Schritt für Schritt typisierte. Ernst Oldenburgs Arbeit, zwanzig Jahre später entstanden, basierte im Gegensatz dazu auf einem abstrahierten, anonymen Typus, der noch menschliche Formen aufweist. Die tektonische Behandlung der Glieder in seinen Arbeiten, die aus ästhetischen Erwägungen, nicht aus anatomischer Korrektheit resultiert, und die Veränderung des Körpervolumens mit dem Ziel einer schrittweisen Abstraktion des menschlichen Körpers hat Oldenburg im Zuge seiner generellen Orientierung an der Kunst der Klassischen Moderne übernommen.

Die Beschäftigung mit dem Korpus führte Oldenburg zu den plastischen Problemen des Torsos – der Vereinfachung einzelner Formen und Konzentration der inneren Bewegung des Körpers –, Probleme, die er beispielsweise in seiner Bronze *Sitzender Torso* von 1972–1973[85] löste. Die entsprechenden Arbeiten Wilhelm Lehmbrucks und August Rodins werden ihm hier wesentliche Anregungen geboten haben.

Lehmbrucks *Mädchentorso, sich umwendend* (Steinguß, 1914)[86] etwa ist deutlich von dem Streben nach vereinfachender Synthese und Darstellung der Tektonik des Körpers geprägt. Trotz der plastischen Akzentuierung ihrer Teilformen ist die schlanke, gestreckte Figur aus rotem Steinguß von einem einheitlichen Bewegungsrhythmus durchzogen. Hüftpartie, Schulter und Kopf sind kontrapostisch gegeneinanderabgesetzt und zugleich durch die angedeutete Serpentinata-Drehung organisch zusammengefaßt. Das Fehlen großer Teile der Arme steigert das Bewegungsmoment und konzentriert gleichzeitig den Eindruck eines schweren, kompakten Körpers. Auch in Oldenburgs Torso von 1972/73 findet sich das vereinheitlichende, den ganzen Körper erfassende Drehmoment. Die Tektonik des Körpers wird durch die kräftigen Beine im Kontrast zum auffallend kleinen, stilisierten Kopf unterstrichen. Die achsial ausbalancierte Figur schwebt, vom Gestell gehalten, und läßt die ihr innewohnende, sich nach außen abschließende Dynamik erkennen.

Neben Lehmbruck und Rodin ist Henry Moore als weiterer wichtiger Bezugspunkt für Oldenburg zu nennen. Die für Moore so typische Veränderung der Körperteile – dünne Arme, langgestreckte Beine und ein kleiner Kopf – nutzte Oldenburg, um die Ausdehnung der Figur im Raum in der Plastik zu thematisieren. Diese Veränderung der Proportionen und die für Moores Plastiken ebenso charakteristischen Draperien griff er in seinen Skulpturen auf, nachdem er diese Gestaltsentscheidungen des Künstlerkollegen bereits in seinen Figurenbildern der sechziger Jahre verarbeitet hatte.

## Zentrale Themen der Skulptur

In Malerei und Graphik hatte sich Oldenburg eine Sicherheit im Erfassen von Körpern, ihrer Haltung und ihrem Ausdruck erarbeitet, die er ab 1960 in einem von Beginn an breiten Motivrepertoire in Reliefs und Plastiken umsetzte. Inhaltlich konzentrierte er sich dabei bis in die siebziger Jahre hinein auf bekannte Themen seines bisherigen Œuvres: schreitende, stehende, hockende und liegende Figuren. Auch Paare, kleine Gruppen und das Thema ›Vater und Sohn‹ verarbeitete er nun in Bronze, Stein und Holz. Die Plastiken sind als fertiger Guß oder als originalgroße Maquetten in Ytonstein, Polyesterschaum und Gips überliefert. Mit der Madonna, dem Torso und der raumgreifenden Dreiergruppe erweiterte er darüber hinaus sein Motivspektrum. Neben seinen eher kleinformatigen Skulpturen für den Innenraum schuf er in den siebziger Jahren monumentale, raumgreifende Gruppen und Reliefs als Auftragsarbeiten für den öffentlichen Raum.

Die frühen Skulpturen zeigen sich meist in ruhiger, blockhafter Form, nur in Ausnahmefällen wechselte Oldenburg zur besonders bewegten Silhouette. Die Oberflächen sind zu großen Teile ruhig gehalten; einzelne Skulpturen wie die *Hockende*[87] oder die *Mittlere Liegende*[88] erhielten schon als Maquette eine ausgesprochen glatte, an Glanzpolitur erinnernde Oberfläche und wurden in der Folge entsprechend gegossen.

In den siebziger und achtziger Jahren arbeitete Oldenburg weiterhin intensiv an seiner bildhauerischen Auffassung des Körpers und der Gestaltung der Oberfläche. Ziel war, ebenso wie zeitgleich in seiner Malerei, die autonome Form. In Experimenten mit überlebensgroßen Eisenrohrfiguren und Reliefs verfolgte er die Möglichkeiten der Abstraktion weiter. In der zweiten Hälfte der siebziger Jahre emanzipierte sich Oldenburg in seinen Skulpturen zunehmend von den Themen seiner Malerei und fand mit sicherem Gespür für das jeweilige Material und seine spezifischen Eigenschaften neue Ausdrucksformen. In Eisen- und Holzskulpturen im Klein-, Mittel- und im monumentalen Format führte er die Reduktion der Körper und die Konzentration auf ihren intensivsten Ausdruck kontinuierlich weiter. Er hatte nun in Malerei und Bildhauerei zwei selbstständige künstlerische Ausdrucksbereiche entwickelt, die er bis zu seinem Atelierunfall 1977 parallel verfolgte. Der schwere, komplizierte Beinbruch, den er hierbei erlitt, machte jedoch ein weiteres selbständiges Arbeiten an monumentalen Plastiken unmöglich – ab diesem Zeitpunkt war er in seiner künstlerischen Tätigkeit auf Helfer angewiesen.

Ein zentraler Themenbereich seiner Skulptur blieb für Oldenburg stets der der Mutterschaft, der ›Maternité‹. Hier bevorzugte er mittelgroße bis monumentale Standfiguren, wie die pyramidal aufgebaute Gruppe *Mutter mit zwei Kindern* (S 69) von 1977[89] zeigt (Abb. S. 255). Vertrauensvoll schmiegen sich hier zwei Kinder an die aufrecht stehende Mutter. Auf das Wesentliche reduziert, präsentiert sich die Gruppe als in sich geschlossene, stabile, ruhige Form. Die Plastik geht auf eine lebensgroße Kunststeingruppe (S 113) aus der zweiten Hälfte der sechziger Jahre[90] zurück. Als Reaktion auf die spezifischen Materialeigenschaften des Kunststeins hatte Oldenburg dort bereits auf eine ausgeprägte Binnendifferenzierung verzichtet und statt dessen die große, zusammenhängende Form herauszuarbeiten versucht. Die buchstäbliche Verschmelzung der drei Figuren zu einer in sich geschlossenen Form empfand er offensichtlich als adäquate formale Lösung für das in der Mutter-Kind-Konstellation angelegte Thema von Nähe und Innigkeit.

Den Experimenten mit unterschiedlichen Materialien (Bronze und Kunststein), Formen (Relief und Vollplastik) und Stilen (z. B. einer Serie von neun Bronzen zum Thema ›Maternité‹) folgte für Oldenburg ab Mitte der siebziger Jahre eine ruhigere Phase: Die Konzentration des Künstlers galt nun vor allem Vollplastiken, in denen er das Mutter-Kind-Thema in Form des stehenden Typus durchspielte.

Neben der ›Maternité‹ blieb die Auseinandersetzung mit dem Paarmotiv eine weitere Konstante im bildhauerischen Werk Oldenburgs. Entgegen seinen entsprechenden Bearbeitungen des Themas in der Malerei konzentrierte sich der Künstler in seinem diesbezüglichen skulpturalen Werk ausschließlich auf den Aspekt der Harmonie in der Beziehung zwischen den zwei Figuren: Die in den sechziger und siebziger Jahren entstandenen insgesamt sechs Liebespaare berühren sich jeweils an den Köpfen und Händen; die Körper suchen unmittelbare Nähe zueinander. In sich versunken, scheinen diese Paare die Welt um sich vergessen zu haben, wie beispielsweise die Bronzearbeit *Paar* (S 66, 1975)[91] zeigt: Während er vor ihr kniet, wendet sie ihren Kopf seitwärts ab und scheint ihn noch nicht ganz zu erhören. Die gestreckten, androgyn anmutenden Figuren mit ihren schmalen Köpfen, ihre Haltung und das Motiv des abgewandten Kopfes entlehnte Oldenburg seinem vier Jahre zuvor entstandenen Ölbild *Komposition Rot-Grün-Schwarz* (M 237, 1971). Einige wenige, aber entscheidende Veränderungen in der Bronze machen jedoch deutlich, daß Oldenburg hier auf eine andere Variante des Paarthemas abzielte: In der Bronze berühren sich die Knie des Paares, während er seine Hände vor seiner Brust schließt und sie ihre Arme parallel zum Körper führt. Die Beziehung zwischen den beiden ist noch offen, hat noch keine feste Form gefunden, im Gegensatz zu dem früheren Gemälde, in dem sich das Paar an den Händen hält und der Mann seinen Kopf in den Schoß der Frau gelegt hat.

Hatte Oldenburg bis Ende der sechziger Jahre eine besonders lebendige naturalistische Darstellungsweise seiner Skulpturen verfolgt, faßte er in den folgenden Jahren Korpus und Umriß seiner Figuren zunehmend zu einer blockhaften, geschlosseneren Gesamtform zusammen: In dem *Paar* (S 3, datiert Ende der sechziger Jahre; Abb. S. 149)[92] etwa reduzierte er die naturalistische Körperdarstellung, führte die Köpfe zusammen und ließ die Beine dem Sockel entwachsen. Ein vergleichbares Beispiel ist das im folgenden Jahrzehnt entstandene *Paar* (S 102)[93].

In den sechziger und siebziger Jahren arbeitete Oldenburg zudem parallel zu seiner Malerei die Figur des Rufers in Stein und Bronze, häufig unter dem neutraleren Titel *Stehender*. Seine ersten Bearbeitungen des ›Rufer‹-Themas sind kleinformatige, noch an den Bronzeblock gebundene Reliefs. 1972 entstand die nun größere, 102,5 cm hohe und aus dem Stein gelöste Arbeit *Stehender (Mann)*.[94] Die Figur hält ihre Hände auf Bauchhöhe und balanciert so ihre fragile Standposition aus. In Haltung und Gestalt ähnelt sie sehr den zeitgleich entstandenen Gemälden zu diesem Thema.

Aus der Figur des *Stehenden* leitete Oldenburg 1973 die *Große Stehende* mit einer Höhe von 200 cm ab.[95] Das Standmotiv war damit aus dem ursprünglichen Kontext des Rufers gelöst. Nun ging es für Oldenburg um die Weiterentwicklung der ästhetisch-formalen Möglichkeiten. In fast paralleler Schrittstellung, die Arme in Hüfthöhe in den Korpus integriert, ohne Hände und Füße, steht die Figur in einem knielangen Tuchgewand frontal vor dem Betrachter. Der schmale, oben abgeflachte Kopf und die scheinbar muskellose Gestalt entsprechen Oldenburgs Figurenauffassung in der Malerei dieser Jahre. Der im Vergleich zu den zeitgleich entstandenen Gemälden deutlicher in der Abstraktion fortgeschrittene Korpus der Bronzefigur markiert jedoch eine ganz eigenständige Position in der Frage der Ästhetik.

Ein weiteres, wesentliches Thema seiner bildhauerischen Arbeit stellte für Oldenburg der Torso dar, seit der Wende ins zwanzigste Jahrhundert eines der zentralen Probleme der Skulptur – Auguste Rodin ist hier sicherlich als einer der ersten und zugleich einer der wichtigsten Namen zu nennen. Ernst Oldenburg wird sich dieser Traditionslinie bewußt gewesen sein.

Reduzierte er bereits in seiner Malerei die menschliche Figur in der Dimensionierung des Kopfes und mittels des wiederholten Verzichts auf Hände und Füße deutlich, ging er mit seinen Torsi noch einen Schritt weiter: Hier standen isolierte Formen im Mittelpunkt, Körper-›Fragmente‹, zu Teilen ohne Kopf, häufig ohne Hände und Füße; auch Unterschenkel und Arme fehlen immer wieder. Die solcherart entstandenen, dynamisch bewegten, organischen Formen erinnern zwar noch an den menschlichen Körper, besitzen jedoch als schwebend montierter Rumpf eine ganz eigene ästhetische Autonomie.

Bevorzugtes Gestaltungsmittel der vollplastischen Arbeiten Oldenburgs ist die waagerechte Achse. In der *Hockenden* (S 96, datiert 1969)[96] etwa bildet die kräftige Waagerechte der Arme das notwendige kompositorische Gegengewicht zu den muskulösen angewinkelten Beinen. Der gebeugte Kopf, hinter den Querbalken der Arme als Halbrund erkennbar, schließt die Senkrechte des Korpus nach oben ab. Aus dem gleichen Jahr stammt die Bronze *Kniende*[97], ein Torso mit kräftigen Unterarmen; statt eines Kopfes klafft ein Loch zwischen den Schultern. Doch gerade diese der Skulptur eingefügte Negativform vermittelt der *Knienden* ihre ganz spezifische Dynamik. Entsprechend seiner Suche nach der in der Skulptur zu erreichenden autonomen Form, die den menschlichen Körper zwar als notwendige Voraussetzung hat, dieser jedoch gezielt einem stetig wachsenden Abstraktionsprozeß unterzogen wird, hat Oldenburg auch im Fall der *Knienden* auf eine Autonomie der Volumen gezielt.
Eine Gruppe von Plastiken aus den siebziger Jahren belegt Oldenburgs Interesse an einer anderen Ausdrucksform des Torsos: Ruhe statt Dynamik, eher kubische Formen statt organische Körper kennzeichnen diese Arbeiten. Die Genese der Sandsteinplastik *Sitzende* (S 12)[98], an der Oldenburg zwischen 1965 und 1975 arbeitete, gibt Einblick in seinen Werkprozeß: In drei Arbeitsschritten modellierte der Künstler aus dem anfänglich mit Gesicht, Brust, Händen und Füßen naturalistisch konzipierten Akt einen schmaleren, weiblichen Typus, nun ohne Gesicht und ohne Sockelplatte, um zuletzt auch auf den Kopf zu verzichten und dem Korpus eine auffallend eckige Endform zu geben. Die ehemals geglättete Sandsteinoberfläche strukturierte er mit Meißelriefen und Hauspuren.
In der Skulpturengruppe der Stehenden verfolgte Oldenburg ein wieder naturalistischeres Konzept. Ein Beispiel dafür ist die Bronzefigur *Stehender* (S 62, 1975)[99], die zwar erst nach seinem Tod gegossen wurde, deren Gipsmodell Oldenburg jedoch entsprechend behandelt hatte, um einen eher naturalistischen Effekt zu erzielen: So hatte er diesem eine farbige Fassung gegeben und ihm stellenweise metallenen Glanz verliehen; die entstandenen malerischen Effekte nutzte er, um den Korpus mit Licht und Schatten zu modellieren. Dieses immer wiederkehrende Vorgehen, die Möglichkeiten von Malerei und Skulptur miteinander zu verbinden, ist, wie bereits zu sehen war, für Oldenburg charakteristisch. Die schließlich ausgeführte Bronze erhielt eine patinierte, unbemalte Oberfläche.

1979 entstand schließlich die Bronzearbeit *Meditation II, Hockende*[100], ein aufs äußerste reduzierter ausgewogener Kubus. Ist der menschliche Korpus hier als Ausgangspunkt auch noch erkennbar und das Motiv des Hockens zu entziffern, ermöglichen doch die großen, glatt gearbeiteten Flächen der Bronze und die Einbindung aller Gliedmaßen und Binnenstrukturen der Figur in ein zusammenfassendes Volumen, die Arbeit als autonome Form zu lesen. Der fehlende Sockel – die Bronze liegt unmittelbar auf dem Boden auf – unterstreicht diese Wirkung zusätzlich. Die *Meditation II, Hockende* stellt einen Höhepunkt in Oldenburgs bildhauerischem Schaffen dar; sein Bemühen um die Reduktion der Form als Voraussetzung für die Öffnung einer neuen, ganz eigenständigen ästhetischen Dimension seines plastischen Werks hat hier besonders souverän Ausdruck gefunden. Herausgelöst aus nahezu jedem narrativen Kontext, bildet diese Bronze einen markanten Gegenpol zu Oldenburgs auf Interaktion ausgerichteten Mutter-Kind-Gruppen und Paarplastiken sowie den noch auf eine naturalistische Darstellungsform basierenden Stehenden.

Cora Eggers-Wrublick

**1** So Ernst Oldenburg an die Bundesversicherungsanstalt am 15.11.1987. Der Brief liegt im Nachlaß des Künstlers. **2** Zum Werk Fritz Pfuhles vgl.: 25 Jahre Technische Hochschule Danzig 1929, S. 10–15; Drost 1938; Lutze 1966; Krüger 1978. **3** Fritz A. Pfuhle 1978, S. 4. **4** Oldenburg verdankt wohl auch Pfuhle den Auftrag für die Wandmalereien im Hotel-Restaurant ›Jägerhof‹ in Flaesheim, im Rahmen derer er 1970 Dorfszenen mit pittoresken, historisierenden Bauten und idyllischen Landschaften entwarf. **5** *Flötenspieler*, datiert 1932, Öl auf Leinwand, 63 x 45 cm, Inv. M 4. Die Werke Ernst Oldenburgs werden im folgenden ohne seinen Namen vorgestellt. Das Ernst Oldenburg Haus gestattete mir freundlicherweise Einblick in das Werkverzeichnis des Künstlers, bevor die Endredaktion abgeschlossen war. Daher sind kleine Abweichungen in den Bildangaben möglich. **6** 1970 setzte Oldenburg das Motiv des Flötenspielers in zwei Skizzen (Inv. Z 221) noch einmal in seine nun abstrahierte Formensprache um. Frontal und als Seitenansicht konzipierte der Künstler hier die Figur in einer farblich ausdifferenzierten, idyllischen Szene. Es könnte sich um eine konkrete Vorstudie handeln. **7** *Portrait Dirigent W. Furtwängler*, 1932, Öl auf Leinwand, 100 x 80 cm, Inv. M 5. **8** Z. B.: *Portrait Heinz-Eberhardt Müller-Hilgerloh*, 1954, Rötel, Sepia, Kohle auf Ingrespapier, 31 x 25 cm, Inv. Z 111; *Selbstbildnis mit Baskenmütze*, 1954, Kohle auf Papier, 34 x 27 cm, Inv. Z 112; *Pferdeskizze*, 1959, Kohle, Kreide auf Ingrespapier, 44,3 x 44,1 cm, Inv. Z 99. **9** Oldenburgs vielschichtige Rezeption der Klassischen Moderne in Frankreich wird auf den Seiten 13 ff. untersucht. **10** Marcel Gromaire, *La Gerbe* (Die Korngarbe), 1930, 81 x 65 cm, Öl auf Leinwand, bez. u. l.: Gromaire 1930, verso: La Gerbe, 1930, DDM. **11** Marcel Gromaire, *Le chomeur* (Der Arbeitslose), 1936, Öl auf Leinwand, 104 x 78 cm, bez. u. l.: G n. 442, 1936. Beide Gemälde sind abgebildet in: Marcel Gromaire 1980. Sie sind heute verschollen und lediglich als Schwarz-Weiß-Abbildungen überliefert. Da sie zur Zeit des Parisbesuchs Oldenburgs entstanden und augenscheinlich besonderen Einfluß auf diesen ausübten, werden sie hier als Vergleichsbeispiele herangezogen. **12** Oldenburg 1975, S. 85. **13** *Moorsoldaten*, datiert vierziger Jahre, Öl auf Leinwand, weitere Daten und Verbleib unbekannt, ohne Inventarnummer, überliefert als Photographie im Nachlaß des Künstlers. **14** *Fischerkomposition*, 1931, Öl auf Leinwand, 15,5 x 22 cm, Inv. M 267. **15** Sehr wahrscheinlich entstanden noch weitere Bilder, die heute jedoch verschollen sind. **16** *Werftarbeiter*, 1946, Öl auf Leinwand, weitere Angaben unbekannt, Inv. M 199. **17** *Werftarbeiter*, datiert 1945–1949, Tempera auf Packpapier, 75 x 101 cm, Inv. M 26. **18** Z.B. *Werft Stralsund*, um 1945–1949, Tempera auf Papier, 65 x 70 cm, Inv. M 32; *Werft*, um 1946, Öl auf Leinwand, weitere Daten unbekannt, Inv. M 10. **19** Der in der DDR entstandene Katalog über die Kunst dieser Jahre ist mit seinem Quellenmaterial lesenwert: Kober 1989. **20** *Zeche Auguste Victoria*, 1956, Öl auf Leinwand, 60 x 70 cm, Inv. M 40. **21** *Chemische Werke Hüls, Marl*, ca. 1959, Öl auf Holz, 51 x 70,5, Inv. M 73. **22** Vgl. Maur 1999. **23** *Pietà*, 1970, Mischtechnik auf Leinwand, 130 x 180 cm, Inv. M 536. **24** Als Einführung vgl.: Schütz 1996. **25** *Komposition Grün-Rosa*, 1988, Öl auf Holz, 78 x 60 cm, Inv. M 486. **26** *Moorsoldaten*, datiert vierziger Jahre, Öl auf Leinwand, Maße unbekannt, ohne Inventarnummer, überliefert als Photographie im Nachlaß des Künstlers. **27** *Moorsoldaten*, 1955, Öl auf Karton, 39,5 x 56,5 cm, Inv. M 91. **28** *Moorsoldaten*, 1971, Öl auf Leinwand, 100 x 150 cm, Inv. M 229. **29** *Rufer*, 1954, Mischtechnik auf Zefasit, 78 x 58,5 cm, Inv. M 96. **30** Z.B. *Pferdekomposition*, 1965, Mischtechnik mit Sand auf Zefasit, 71 x 91 cm, Inv. M 577. **31** *Sich aufbäumendes Pferd*, 1968, Öl auf Leinwand, 100 x 80 cm, Inv. M 170. **32** *Drei Pferde*, 1968, Mischtechnik auf Leinwand, 76 x 90 cm, Inv. M 288. **33** *Pferde*, 1969, Öl auf Leinwand, 60 x 80 cm, Inv. M 163.

**34** *Zwei sich aufbäumende Pferde mit Reitern*, 1956, Öl auf Hartfaser, 78 x 84 cm, Inv. M 42. **35** Fritz Pfuhle und Ernst Oldenburg entlehnten das Motiv möglicherweise von Edgar Degas oder Pablo Picasso, die sich mit vergleichbar heller Farbigkeit und luftigem Pinselduktus dem Thema ›Jungen mit Pferden‹ gewidmet haben. **36** *Pferde auf der Weide*, 1960, Kasein auf Holz, 70 x 90 cm, Inv. M 161. **37** Zoran Anton Music, *Pferde*, 1952, Öl auf Leinwand, 60 x 81 cm, bez. u. M.: Music 1952. Abb. in: Music 1977. **38** *Fischerkomposition*, 1931, Öl auf Leinwand, 15,5 x 22 cm, Inv. M 267. **39** *Bauern bei der Kornernte am Meer*, ca. 1945–1949, Öl auf Leinwand, 60 x 78,5 cm, Inv. M 23; *Bauerngruppe*, undatiert, Tempera auf Packpapier, 56 x 75 cm, Inv. M 21. **40** *Fischer*, ca. 1945–1949, Tempera auf Packpapier, 75 x 102 cm, Inv. M 20. **41** *Bauern bei der Kartoffellese*, ca. 1945–1949, Öl auf Leinwand, 59 x 77 cm, Inv. M 24. **42** *Fischer*, 1957, Mischtechnik auf Zefasit, 72 x 56 cm, Inv. M 48; *Fischer*, 1959, Mischtechnik auf Holz, 77 x 96 cm, Inv. M 81; *Bauern*, datiert fünfziger Jahre, Öl auf Leinwand, Maße unbekannt, Inv. M 282; *Bauern am Abend am Waldrand*, 1957, Öl auf Holz, 60 x 50 cm, Inv. M 328. **43** Noch einmal so viele Werke beider Gattungen, somit insgesamt etwa 250 Gemälde, sind vermutlich bis 1970 entstanden und heute in unbekanntem Privatbesitz. **44** So berichtet seine Tochter Karola Ramas. **45** *Drei Eichen*, 1958, Öl auf Leinwand, Maße unbekannt, Inv. M 61. **46** *Fischer*, 1959, Öl auf Leinwand, 70 x 96 cm, Inv. M 81. **47** Max Pechstein, *Fischerboot*, 1913, Öl auf Leinwand, 190 x 96 cm, Brücke-Museum Berlin. Abb. in: Max Pechstein 1996, Abb.-Nr. 84. **48** *Skizze ›Zwei Menschen‹*, 1959, Öl auf Holz, 66 x 50 cm, Inv. M 82. **49** *Schreitende*, 1960, Mischtechnik auf Holz, 71 x 47,6 cm, Inv. M 157; *Gehende*, 1960, Kohle über Gouache auf Papier, 62 x 43 cm, Inv. G 58; *Komposition Schwarz-Blau-Englischrot*, 1961, Öl auf Leinwand, 91 x 60 cm, Inv. M 154; *Stehende*, 1959, Kasein auf Zefasit, 60 x 40 cm, Inv. M 159. **50** Zu den Peripathetikern s. S. 26. **51** *Komposition ›Hockende‹*, 1964, Öl auf Leinwand, 96 x 75,5 cm, Inv. M 139. **52** *Hockende*, 1968, Mischtechnik mit Sand auf Leinwand, 100,5 x 85,5 cm, Inv. M 171. **53** Vgl. S. 218/219. Angeregt von seinen Plastiken wie beispielsweise der *Schauenden* (Inv. S 67) von 1976, in denen er die Waagerechte als kompositorisches Mittel einsetzte, wiederholte er um 1985 noch einmal eine tänzerisch bewegte Figurenstudie (*Aus einem Tanzzyklus* (Inv. M 293, 1985)), in der die Arme bewußt parallel zum linken aufgestellten Knie angelegt sind. So stehen sich zwei Dreiecke gegenüber, die die Figur zum Ornament auflösen. **54** *Komposition Braun-Grau*, 1964, Öl auf Holz, 40,5 x 56 cm, Inv. M 296. **55** *Drei Menschen im Gespräch*, 1966, Mischtechnik mit Sand auf Leinwand, 90 x 70 cm, Inv. M 193. **56** *Die Peripathetiker*, 1971, Mischtechnik mit Sand auf Leinwand, 90 x 70 cm, Inv. M 228. **57** *Atlantic City II*, 1990, Mischtechnik auf rot grundierter Leinwand, 100 x 80 cm, Inv. M 462. **58** *Skizzenblatt*, datiert siebziger Jahre, Bleistift auf Karton, 23 x 30,8 cm, Inv. Z 152. **59** *Maternité*, 1987, Mischtechnik auf Karton, 14,9 x 10,6 cm, Inv. G 90. **60** *Maternité*, 1965, Mischtechnik mit Sand auf Leinen, 100 x 70 cm, Inv. M 118. **61** *Maternité Blau-Orange*, 1988, Öl auf Holz, 97 x 78 cm, Inv. M 463. **62** *Sommer*, sechziger Jahre, Mischtechnik auf Leinwand, 70 x 55 cm, Inv. M 291. Die Datierung des Gemäldes ist durch Parallelen mit dem Ölbild *Mutter und Kind* (M 117, 1965) in Kniehaltung und der mit Kleidung und Haaren angedeuteten Individualität gesichert. Der Künstler zitierte mit dem Motiv eines seiner älteren, 1932 entstandenen, leider verbrannten Gemälde. **63** Vergleichbare Formulierungen finden sich in dem *Paar* (Inv. M 190) von 1968, ebenso in einer kleinen Skizze (Inv. Z 229) aus den siebziger Jahren und dem Ölbild *Zweiergruppe* (Inv. M 386) aus der Zeit um 1975. **64** Komposition *›Hockende Orange-Grün‹*, 1963, Mischtechnik auf Leinwand, 100 x 120 cm, Inv. M 612. **65** *Maternité*,

1968, Gouache auf Leinwand, 80 x 60 cm, Inv. M 185. **66** Nach Auskunft von Karola Ramas entstand das Bild als Reaktion auf den Tod des amerikanischen Präsidenten, der den Künstler tief erschüttert hatte. **67** *Dreiergruppe*, 1963, Mischtechnik auf Leinwand, 120 x 90 cm, Inv. M 146; *Drei Frauen*, 1969, Mischtechnik auf Leinwand, 50 x 70 cm, Inv. M 164; *Dreiergruppe*, 1971, Mischtechnik auf Leinwand, 60 x 50 cm, Inv. M 335. **68** *Skizzenblatt*, datiert 1968, Bleistift und schwarze Tinte, 35,5 x 54, 2 cm, Inv. Z 15; *Studienblatt ›Hockende‹*, datiert 1965, Bleistift, schwarzer Filzstift auf Papier, 43 x 61 cm, Inv. Z 3 (vermutlich entstand das Blatt jedoch ebenfalls 1968 im unmittelbaren zeitlichen Umfeld des Blattes Z 15; die vielen stilistischen Parallelen weisen darauf hin); *Studienblatt*, 1968, Bleistift auf Papier, 23 x 19 cm, Inv. Z 120. Der Künstler signierte die Studie nachträglich mit der linken Hand, vermutlich nach seinem Schlaganfall 1988, als Zeichen seiner besonderen Wertschätzung mit dem Kürzel ›EO‹. **69** *Trost*, 1962, Öl auf Leinwand, 150 x 100 cm, Inv. M 209; *Der verlorene Sohn*, 1972, Öl auf Karton, 82 x 57,5 cm, Inv. M 250; *Der verlorene Sohn*, 1973, Mischtechnik auf Holz, 60 x 40 cm, Inv. M 258. **70** *Trost*, 1961, Kreiden auf Papier, 54 x 41,4 cm, Inv. Z 331; *Trost*, 1964, Mischtechnik auf Tonpapier, 49,1 x 40 cm, Inv. Z 335. **71** Vgl. zum Beispiel: *Komposition Rot-Grün-Schwarz*, 1971, Öl auf Leinwand, 80 x 59 cm, Inv. M 237. **72** *Fischerkomposition*, 1988, Öl auf Holz, 56 x 76 cm, Inv. M 273. **73** *Fischer*, 1971, Mischtechnik mit Sand auf Holz, 55 x 70 cm, Inv. M 233. **74** *Fischerfrauen*, 1975, Mischtechnik auf Korkpappe, 37 x 57 cm, Inv. M 396. **75** *Fischerkomposition*, 1973, Öl auf Leinwand, 70,5 x 90,5 cm, Inv. M 326. **76** *Komposition Fischer*, 1988, Öl auf Leinwand, 60 x 80 cm, Inv. M 500. **77** vgl. etwa: *Kohlezeichnung*, undatiert, Kohle auf Ingrespapier, 42,8 x 57,3 cm, Inv. Z 14. **78** Nach freundlicher Auskunft von Karola Ramas. **79** *Skizzenblatt*, datiert siebziger Jahre, Kugelschreiber auf Papier, 29,5 x 21 cm, Inv. Z 202; verso eine weitere Skizze, Kugelschreiber und Filzstift. **80** *Paar*, datiert 1969, Kunststein, H.: 50 x B.: 25 x T.: 24 cm, Inv. S 18. **81** *Menschenfries*, 1970, Teilstück II des Triptychons, Öl auf Leinwand, 72 x 111 cm, Inv. M 554. **82** *Komposition Hockende Orange-Grün*, 1963, Mischtechnik auf Leinwand, 100 x 120 cm, Inv. M 621. **83** Abb. in: Maur 1999, Kat.-Nr. 105. **84** *Stehende*, 1974, Bronze, H.: 70 x B.: 28,5 x T.: 22 cm, Inv. S 54. **85** *Sitzender Torso*, 1972–1973, Bronze, H.: 58 x B.: 27 x T.: 32 cm, Inv. S 40. **86** Wilhelm Lehmbruck, *Mädchentorso, sich umwendend*, 1914, Steinguß, 97,5 cm. Das Werk befindet sich in der Stiftung Wilhelm Lehmbruck Museum, Duisburg. **87** *Hockende*, 1969, Kunststein, H.: 49 x B.: 23,5 x T.: 23,5 cm, Inv. S 23, gegossen in Bronze, poliert, Inv. S 23/1. **88** *Mittlere Liegende I*, 1968, Bronze, H.: 31 x B.: 42 x T.: 22 cm, Inv. S 14. **89** *Mutter mit zwei Kindern*, 1977, Bronze, H.: 48 x B.: 18 x T.: 18 cm, Inv. S 69. **90** *Mutter mit zwei Kindern*, datiert 1967–1970, Kunststein und Zement, ca. H.: 200 x B.: 100 x T.: 100 cm, Inv. S 113 (zerstört). **91** *Paar*, 1975, Bronze, H.: 57 x B.: 37 x T.: 23 cm, Inv. S 66. **92** *Paar*, datiert Ende sechziger Jahre, H.: 33 x B.: 18 x T.: 11, Gipsmodel für Bronzeguß, Inv. S 3. **93** *Paar*, datiert siebziger Jahre, H.: 49,8 x B.: 26 x T.: 16,5 cm, Kunststein und Gips, Inv. S 102. **94** *Stehender (Mann)*, Bronze, 1972, H.: 102,5 x B.: 62 x T.: 39 cm, Inv. S 41. **95** *Große Stehende*, 1973, Bronze, H.: 200 x B.: 87 x T.: 77 cm, Inv. S 46. **96** *Hockende*, datiert 1969, Kunststein, Maße unbekannt, Inv. S 96; postum in Bronze, hochpoliert, Inv. S 23/1. **97** *Kniende*, 1969, Bronze, H.: 59 x B.: 22 x T.: 32 cm, Inv. S 21. **98** *Sitzende*, 1965–1975, Schwedischer Sandstein, H.: 92 x B.: 50 x T.: 40 cm, Inv. S 12. **99** *Stehender*, 1975, Bronze, H.: 117,5 x B.: 51,5 x T.: 24 cm, Inv. S 62. **100** *Meditation II, ›Hockende‹*, Bronze, 1979, H.: 48 x B.: 20 x T.: 16 cm, Inv. S 73.

»Der tragische Mensch ist die Natur in ihrer höchsten Kraft des Schaffens und des Erkennens und deshalb mit Schmerzen gebärend.« Friedrich Nietzsche

In der Welt der Sagen, Märchen und Fabeln wimmelt es seit jeher von Begegnungen des Menschen mit dem Tod. Meist thematisieren sie den listenreichen Kampf des zum Tode Bestimmten gegen den auferlegten Abschied vom Leben. Individuum und Tod (der selbst als Individuum auftritt) ringen um dieses kostbare Gut menschlicher Existenz. Mal triumphiert – wenigstens vorübergehend – die einfache Bauernschläue, mal setzt sich die zynische Konsequenz des Unvermeidbaren durch. In jedem Fall siegt das leicht gequälte Amüsement beim Lesen der Geschichte, die letztlich einem jeden von uns auf den Leib geschneidert ist. Der verzweifelte Wunsch, dem Tod ein Schnippchen zu schlagen, selbst wenn unsere Zeit gekommen zu sein scheint, bahnt sich lachend den Weg in unser Bewußtsein von der Endlichkeit des Daseins.
Wie aber, wenn das Sterben der einzige Ausweg aus der Verzweiflung wäre? Wenn wir den Tod herbeiwünschten, um dem Leben, unter dessen Last wir zu zerbrechen drohen, zu entkommen? Wenn es im Leben nicht mehr weitergehen kann?
Eine alte griechische Fabel[1] erzählt die Geschichte eines greisen Mannes, der unter der schweren, erdrückenden Last eines Holzbündels zusammensinkt. Seine Sehnsucht nach einem Ende des Leidens läßt ihn den Tod herbeirufen. Dieser erscheint prompt und fragt den Alten nach seinem Wunsch. Da wird der alte Mann, den noch einen Augenblick zuvor die Todessehnsucht leitete, von Angst überwältigt. Demütig bittet er die Gestalt des Todes, ihm dabei behilflich zu sein, die schwere Last wieder aufzuheben, damit er sie weitertragen kann …
Die ins Absurde getriebene Zeichnung des Todes – Freund und Helfer, der den Menschen ins Leben zurückschickt – bringt die verzweifelte Lage des Menschen auf den Punkt: in größter Not ist es die Nähe des Todes selbst, die dem Lebenswillen des Menschen das Weitermachen gebietet. Zugleich sind die Eckpfeiler dieses Gebots gesetzt: die Verzweiflung, die Not, die Todessehnsucht ebenso wie die Angst vor dem Tod – aber auch eine aus der Angst geborene Schlagfertigkeit und

List, der Trotz in Ermangelung eines erkennbaren Sinns, die neu gewonnene Kraft. Und über allem: die absurde Heiterkeit im Wissen um die ausweglose Situation.
Ernst Oldenburg ist bereits ein alter Mann, als ihn ein Bote des Todes heimsucht. Im Alter von 74 Jahren – nach langer Zeit intensivsten Schaffens – erleidet er seinen Zusammenbruch in Gestalt eines Schlaganfalls, der ihn mit aller Gewalt von den Möglichkeiten seines bisherigen Lebens abschneiden wird. Mag dieser Einschnitt, dieser Bruch im Leben an sich schon tödlich genug sein, so markiert er im Rahmen des künstlerischen Schaffens um so entscheidender die drohende Vernichtung. Hat Oldenburg bis zu diesem Zeitpunkt bereits an die tausend Werke vollendet, so wird ihn die Lähmung seines Körpers fortan genau dieser Fähigkeit berauben: das die Meisterschaft begründende Werkzeug des Künstlers – seine rechte Hand – ist zu keiner Vollendung mehr geeignet, es ist unbrauchbar geworden. Die Selbstverständlichkeit seines Schaffens ist mit einem Schlag zerstört, das sicher geglaubte Vermögen zur Kunst entgleitet ins Ungewisse.
Was läge an diesem Punkt näher als die Einwilligung in den persönlichen, ganz und gar unphilosophischen Tod der Kunst? Was wäre einfacher als die geruhsame Besinnung im Rückblick auf ein erfülltes Schaffen? Wie der alte Mann in der Fabel wird auch Oldenburg in seinen schwersten Stunden den Tod herbeigewünscht haben, und doch entscheidet er sich letztlich für das Schwerste, das schier Unmögliche: er macht weiter.
Als er aus der Rehabilitationsklinik nach Hause zurückkehrt, läßt er sich – an den Rollstuhl gefesselt – sogleich in sein Atelier bringen, wo unter groben Pinselstrichen der linken Hand auf Anhieb jenes strenge Selbstporträt mit schwarzer Mütze und weißem Schal entsteht (M 506; Abb. S. 322), das beinahe grimmig auf dem Willen Oldenburgs zu beharren scheint: der Künstler lebt!
Jener Kraftakt künstlerischer wie menschlicher Überwindung zeichnet sich noch deutlicher in dem zitternden Strich der ersten Skizze nach dem Schlaganfall ab (Z 125). Mit wenigen, durchweg verwackelten, dennoch – so urteilt der Betrachter im nachhinein – sicher gesetzten Strichen formt Oldenburg auf den ersten Blick eine bäuerliche Idylle: in seinem Schaffen kein unbekanntes Motiv, sondern der Rückgriff gerade auf einen schon Jahrzehnte zuvor erprobten Gestaltungszusammenhang.

Die Szene entringt sich der undurchdringlichen Nacht eines schwarzen Untergrunds, auf welchem der Maler mit der zitternden linken Hand den orange-roten Konturen der zwei Figuren folgt. Kaum sichtbar die leise Kreidespur auf dem schwarzen Karton. Doch das Bild muß ihm mit zwingender Deutlichkeit vor Augen gestanden haben – wie sonst hätte er es der völlig ungeübten linken Hand, dem vom Schlaganfall zerrütteten Körper zumuten können, noch dazu mit einer Souveränität, wie sie in etwa Georges Batailles Begriff vom »unvollendeten Gelingen«[2] beschreibt?
Die Idylle des Motivs ist zudem fragil. Wie auf der technischen Ebene der Zeichnung die linke Hand stets ins Ungewisse abzugleiten droht, so balanciert die Ausführung der Gestalten auf einem dünnen Seil, welches Oldenburg zwischen Konzentration und Zerstreuung spannt, zwischen Konkretion und Auflösung. Die sich abwendende Figur des Bauern trägt nicht nur ein Gewicht auf den Schultern, sondern pendelt es sorgsam im empfindlichen Gleichgewicht aus. Die weibliche Figur im Vordergrund wirkt ganz in sich versunken: in die Andeutung ihrer Tätigkeit, die mehr oder weniger unbestimmt bleibt.
Der Vergleich mit anderen Werken Oldenburgs legt die Bestimmung der Szene als Ernte, genauer: als Kartoffelernte, nahe. Doch obwohl das Motiv aus dem Erinnerungs- und Erfahrungsschatz des Künstlers stammt, enthält sich die Gestaltung des szenischen Zusammenhangs jeglicher narrativer Eloquenz. Im Gegenteil: die Abwesenheit der Erzählung verdichtet sich zu einer fast gespenstischen Momentaufnahme. Ein Mann und eine Frau bei der Ernte, nichts weiter. Die wenigen Striche bezeichnen in ihrem Verzicht auf kompositorische Ausgestaltung die Anerkennung einer äußersten Konsequenz. So wird in der lakonischen Verknappung bäuerlicher Arbeit das Wesentliche menschlicher Existenz auf den Punkt gebracht. Die Szene verweist nicht etwa auf die idyllische Reinheit des Landlebens, sondern erfaßt das Menschsein in seiner Vollendung durch die Gegenwart des Todes. Auf eine trotz aller Schlichtheit beinahe dramatische Weise verschärft Oldenburg die als ›Ernte‹ inszenierte Thematik einer Bilanz des Lebens, einer Bilanz des Menschseins. Die existentielle Krise des Schlaganfalls verschärft die Frage nach dem Wesentlichen im Leben des Menschen, wie es sich in dieser ungewöhnlichen Skizze ausdrückt.

Im Aufbegehren gegen den drohenden Tod sowohl des Körpers als auch der eigenen Kunst erobert Oldenburg sich eine Souveränität jenseits des künstlerischen Könnens, auf das sein bisheriges Werk so sicher bauen durfte: Oldenburg wagt das Unmögliche. In gewisser Weise ist es der Tod selbst, der die zitternde Hand führt, der Tod als die offensichtliche Grenze, die das Mögliche vom Unmöglichen scheidet. Für einen Augenblick in der Entstehung des Werks wird das Zittern, das durch den Tod berührte Leben, zur Kunst, bevor es sich als Zeichnung menschlicher Gestalt verwirklicht. Dieses Zittern bleibt von nun an der figürlichen Gestaltung Oldenburgs eingeschrieben: die menschliche Existenz ist in ihrer Vollendung von der Berührung des Todes durchzittert.
»Ein Wesen kann sich also nur unter der Voraussetzung als menschliches Wesen konstituieren, daß es endlich oder sterblich (d. h. ›lebendig‹) ist. Das heißt weiter, daß ein Wesen nur unter der Voraussetzung menschlich leben kann, daß es seinen Tod ›verwirklicht‹, daß es seiner bewußt wird, ihn ›trägt‹ (als ertragend und als Träger), ihn freiwillig auf sich zu nehmen vermag.«[3]
Die Menschlichkeit Oldenburgs ist geprägt durch sein Schaffen als Künstler, seine Menschlichkeit erfüllt sich durch die Kunst. Um so notwendiger ist ihm das Fortleben der Kunst selbst über die Grenze des Möglichen hinaus: sein Schaffen wird schicksalhaft. Es ist Aufbegehren gegen den Tod im Bewußtsein der eigenen Sterblichkeit. Denn das Aufbegehren gegen den Tod leugnet ihn nicht. Es akzeptiert ihn als unausweichliche, notwendige Konsequenz der eigenen Vollendung.
Natürlich liegt darin kein Trost. Das Kunstwerk tröstet nicht, am wenigsten denjenigen, der es erschafft. Die Kunst verheißt dem Menschen keine bessere Welt, kein Glück, keine Erfüllung. In ihrem intimen Vertrautsein mit der Sterblichkeit des Menschen offenbart sie ihm den Schmerz, die Verzweiflung, den Verlust. Denn auf dem Gipfel des Unmöglichen gibt es kein Halten, kein ruhevolles Verweilen:
»Niemand gelangt zu diesem Punkt anders als verwundet, als zermürbt. Das Leben kann sich auf dieser Höhe nicht halten, und stets entzieht sich zuletzt der Boden unter den Füßen. Wer könnte entscheiden, ob es die Chance oder das Mißgeschick ist? Aber beim leisesten Zweifel ist alles verloren.«[4]

Der Mensch, der das Unmögliche wagt, erlangt nichts weiter als das empfindliche, zur größten Intensität gesteigerte Wissen um seine eigene Vergänglichkeit: ein von der Angst, von der Trostlosigkeit geprägtes Wissen, das nicht verleugnet werden kann, ohne die Kunst ihrer ureigensten Grundlage zu berauben. Das ist nicht zu verwechseln mit einer etwa allgegenwärtigen Todesplatitüde, die einem vermeintlichen Kunstwerk dort – quasi als philosophischer Überbau – Tiefe und Bedeutung einhauchen soll, wo es offensichtlich im Trüben fischt. Weder ist der Tod Schirmherr der Kunst noch ihr bevorzugtes Motiv. Sondern er führt ganz einfach den Pinsel des Malers, dessen Leben sich rückhaltlos an die Kunst verschenkt.

Das Leben Ernst Oldenburgs ist seit jeher der Kunst verschrieben. Und doch bewirkt der Schlaganfall eine Art Quantensprung der Seinsfrage: das Ringen der künstlerischen Existenz gerinnt zum Schicksal, wird zum Kampf um die Existenz der Kunst selber, und dieser Kampf ist durch alle Szenen hindurch das eigentliche Motiv im Spätwerk Oldenburgs.

Da gibt es den verletzten, schwachen, den hilflosen Menschen, der von anderen getragen werden muß. Auch dies – wie die Bauernszene – nicht neu. Bereits in den siebziger Jahren setzt der Maler sich mit dieser Situation auseinander, fast als wolle er sein späteres Schicksal vorwegnehmen. Das Gemälde aus dem Jahr 1978 (M 366) ist ein ruhiges, ein statisches Bild in dunklen Blautönen mit schwarzen Schatten. Die Szene ist ganz direkt frontal dargestellt, die Figuren scheinen nicht in Bewegung zu sein. In der Mitte: erschlafft, den Kopf gesenkt, ein Mensch, der sich aus eigener Kraft nicht auf den Beinen halten kann. Zwei weitere Menschen stützen ihn, greifen ihm unter die Arme: die Hilflosigkeit des einzelnen wird durch eine starke Gemeinschaft aufgefangen.

Nach dem Schlaganfall sieht die Szene anders aus. In drei Gemälden arbeitet Oldenburg die dem Thema eigene Dramatik aus. Allen drei Bildern ist eine spürbar gesteigerte Dynamik gemeinsam. Die Szene wird nun eher von der Seite eingefangen, um die Bewegung der Figuren zu verdeutlichen. Es ist, als würden die durch festen Zugriff zu einem Ganzen verschmolzenen Menschen vom Ort eines Unglücks forteilen. Dabei wird der Mensch in der Mitte regelrecht getragen: er wird gerettet. Nicht minder dramatisch ist die Farbgebung sowohl der einzelnen Bilder als auch im Rahmen der

Entwicklung der ganzen Reihe. Die leuchtenden, beinahe blendenden Fleischtöne von M 455 (Abb. S. 371) signalisieren auf verstörende Weise die Verbindung von Stärke und Verletzlichkeit. Die Kraft der Gemeinschaft verschmilzt mit der Schwäche des einzelnen zu einer Metapher des Menschseins. In M 513 ist das leuchtende Fleisch, diese Andeutung von Realismus, einer hellen Zeichnung der Figuren gewichen: weiß die Lichtpartien, gräulich-blau bis violett die Schattenpartien. Um so kräftiger ist nun der Hintergrund geraten: der braun-schwarze Boden und der violett-schwarze Himmel; dazwischen ein Streifen orange-roter Glut. Tatsächlich entsteht der bedrohliche Eindruck einer Gefahr, der es zu entkommen gilt – und so erweckt das Bild den Anschein einer Illustration des Hölderlinschen Satzes: »Wo aber Gefahr ist, wächst / Das Rettende auch.«[5]

In M 308 zerfließt der Hintergrund zu einem monochromen Rot, aus welchem die Menschengruppe nur blaß und durchscheinend hervortritt: bläulichen Schatten gleich, die sich nur mühsam im Vordergrund behaupten (Abb. S. 378). Der herabhängende Kopf des von den beiden anderen getragenen Menschen gibt den Blick frei auf schwarze Konturen, die sich an einem imaginären Horizont abzeichnen wie die Kreuze auf Gräbern eines nicht allzu weit entfernten Friedhofs: als ob die Sterblichkeit des Menschen greifbar würde. Die Hilfe anderer mildert das Elend des einzelnen, bewahrt ihn aber nicht vor seiner eigenen Sterblichkeit. Selbst im Augenblick der Rettung – so die Umkehrung Hölderlins – bleibt der Tod gegenwärtig.

Der Künstler weiß um die Aussichtslosigkeit dieser Rettung. Niemand entgeht seinem Tod. Als einzelner Mensch erträgt er die Aussichtslosigkeit, weil sie keineswegs ohne Hoffnung ist. Die Einsamkeit des einzelnen in der Begegnung mit dem eigenen unausweichlichen Sterben schließt die Perspektive menschlichen Zusammenhalts keineswegs aus. Andere Menschen sind ihm eine Stütze, und selbst die Kunst wird ihm zu einer Krücke, bisweilen sogar zur Rettung: sie bewahrt ihn vor dem Zusammenbruch. Zugleich zwingt sie ihn zu intensivstem Erleben seiner eigenen Situation: das Rettende gerade zwingt ihn gnadenlos, der Sterblichkeit ins Auge zu sehen.

Folgerichtig findet die Auseinandersetzung mit dem Tod auf einer ausdrücklichen Ebene statt, am deutlichsten in jenen Strandszenen, die vom Tod eines Fischers handeln.

Auch zum Motiv des toten Fischers gibt es eine frühe Arbeit, tatsächlich sogar eines der frühesten erhaltenen Bilder des Künstlers überhaupt. M 267 aus dem Jahr 1931 erinnert in der skizzenhaften, kaum erkennbar durchgestalteten Ausführung durchaus an spätere Darstellungen der Szene – oder vielmehr entsinnt sich umgekehrt der Oldenburg des Spätwerks jener unscheinbaren, blassen Miniatur. Es geht noch weiter: M 518 scheint das kleine, frühe Werkchen, dessen geringe Abmessungen über die Bedeutung des Motivs täuschen könnten – übersetzt in eine andere Palette, in ein anderes Format – zu kopieren: die schwachen Brauntöne des Originals weichen einem kräftigen Blau, von dem sich die Figuren der Szene als blaßgrüne Schemen abheben. Der Aufbau des Bildes ist identisch. Es ist – fast sechs Jahrzehnte später – abgemalt (Abb. S. 369).

An diesem Punkt stellt sich die Frage, aus welchem Grund Ernst Oldenburg nach dem Schlaganfall die Auseinandersetzung mit dem Werk seiner eigenen Frühzeit sucht. Man kann es nur vermuten. Handelt es sich um das Bemühen, die unausgereiften Versuche seiner künstlerischen Jugend in die fortgeschrittene Zeit einer ausgereiften Farb- und Formsprache gleichsam hinüberzuretten? Ansätze dazu lassen sich durch das gesamte Schaffen Oldenburgs hindurch verfolgen. Nun aber – nach dem Schlaganfall – ist die Situation eine andere. Die fraglose Fähigkeit zur Gestaltung geht nun in jenem Kraftakt der Selbstüberwindung auf, dessen künstlerische Souveränität an der Grenze des Menschenmöglichen sich dem schicksalhaft erfahrenen Bewußtsein der eigenen Sterblichkeit verdankt. Oldenburg malt nicht mehr bloß – er lebt die Malerei: mit Leib und Seele ist er Maler und wird als Maler sterben.

Insofern zeugt der Rückgriff auf die frühesten Motive nicht allein von der Ambition nachträglicher Korrekturen und Verbesserungen. Es handelt sich nicht einfach um die unbekümmerte Integration des Überholten in die Reife eines erwachsenen Werks. Im Gegenteil: es ist denkbar, daß sich darin eine Art Verzweiflung Luft verschafft. Das Bewußtsein des Individuums von seiner eigenen Sterblichkeit und die Erkenntnis des Künstlers, sich stets aufs neue der unmöglichen Herausforderung des Kunstwerks stellen zu müssen, kondensieren zur Beharrlichkeit eines lebendigen Trotzes.

Hier ist also keine Sentimentalität am Werke. Hier setzt sich ein ganzes Leben aufs Spiel: denn selbst die frühesten Werke dienen als Einsatz im gegenwärtigen Kampf ums Überleben.

»Der Mensch kann sich also nur insoweit vollenden, als er sterblich ist oder wissentlich den Einsatz des Lebens auf sich nimmt.«[6]

Der Einsatz des künstlerischen Lebens zur Vollendung des Menschen als sterbliches Kunstwerk macht die Vergegenwärtigung selbst der Frühphase der Kunst notwendig: kein Weg führt daran vorbei, ohne den Künstler seiner souveränen Existenz zu berauben. Mit anderen Worten: der Kampf um die Kunst, den Ernst Oldenburg mit aller Kraft seines vom Schlaganfall gezeichneten Daseins führt, erfaßt rückwirkend auch seine frühen Jahre: rückwirkend ist Oldenburg seit jeher der Künstler gewesen, den die Souveränität des Bewußtseins von der eigenen Sterblichkeit zur Vollendung der Kunst nötigt.

Oldenburgs Thematisierung des Todes in den späten Fischerbildern wirkt über den Aspekt der Besinnung auf das eigene Frühwerk hinaus wie ein Versuch, den Einbruch in die Kontinuität des Lebens, in diesem Fall des einfachen Lebens am Meer, von verschiedenen Standpunkten aus, mit variierenden und sogar entgegengesetzten Akzentuierungen zu betrachten. Er bedenkt die unleugbare – individuelle wie soziale – Dramatik des Sterbens, geht aber auch so weit, den Tod des einzelnen letztlich als ein Alltagsphänomen im Bewußtsein einer menschlichen Gemeinschaft darzustellen.

Die Gruppierung in M 483 erweckt den Anschein einer ausgesprochen erregten Trauerversammlung. Die Dynamik der Figuren, welche die Leiche zu tragen versuchen, verdeutlicht die Schwierigkeit, die körperliche Anstrengung dieser Handlung: der Tod des einen bedeutet den anderen Last und Beschwernis, die sie als Überlebende zu tragen haben. Die greifbare Tragik der Szene kulminiert in dem herabbaumelnden Arm des Toten. Die stark schwarzen Konturen der Gestalten verleihen ihnen eine Präsenz, die der Intensität der Situation entspricht: Schlimmes ist geschehen, und dieses Schlimme berührt die Menschen, denen es sich offenbart.

Ganz anders dagegen M 517. Auf grellgrünem Grund wird mit wenigen groben, eher luftigen Pinselstrichen der Tod eines Fischers entworfen, ohne daß darin dem Sterben eine außerordentliche Bedeutsamkeit zukäme. Fast wird der Tote zusammen mit der ihn umgebenden Menschengruppe – obwohl im Zentrum des Bildes – in den Hintergrund gedrängt, gerät zur Nebensache, während die sich ohne Eile entfernenden Figuren am linken Bildrand die Aufmerksamkeit des Betrachters mit sich nehmen. Im Alltag dieser Fischer mag das Leben vergänglich sein, doch nicht minder ist es der Tod selbst, der vergeht und dem Gesetz des Weiterlebens, des Weitermachens unterliegt (Abb. S. 374). Es handelt sich um eine fast beiläufige Beschreibung des Alltags, worin der Tod ein Teil ist. Das Bild gibt kein hektisches Bemühen um Rettung wieder, berichtet von keiner ergriffenen Trauer, von keiner Verzweiflung, keiner Ohnmacht. Der Tod eines Menschen scheint in der Welt der Fischer nichts Außergewöhnliches zu besitzen. Ihm eignet gerade noch die Kraft, die Angehörigen zu versammeln, vielleicht nur für einen kurzen Moment: das Leben – und das ist in dieser Welt der Alltag – geht weiter, so bald wie möglich. Die einzige Dramatik des Bildes besteht in dieser Alltäglichkeit des Nicht-Alltäglichen, in der gespenstischen Stille, die von dem Gedanken ausgeht, daß im nächsten Augenblick schon das Leben seinen gewohnten Gang gehen wird.

So erschüttert der Tod des einzelnen nicht das soziale Gefüge, setzt nicht die Gesetzmäßigkeiten des täglichen Lebens außer Kraft. Das individuelle Drama des Sterbens wird im Gefüge der Gemeinschaft weitestgehend entdramatisiert. Die mittelbar vom Tod Betroffenen sind nicht einfach die Zurückgebliebenen, sondern ihrem eigenen Schicksal Entgegengehende, denen die Notwendigkeit des Tages ein Verweilen in Trauer und Verzweiflung gar nicht erst gestattet.

Generell ist festzustellen, daß die Einsamkeit des sterbenden Individuums für Oldenburg auf einer existenziellen Ebene relevant ist: im Rahmen eines der Sterblichkeit gegenwärtigen Selbstbewußtseins. Der wirkliche, tatsächliche Tod dagegen ist eine Angelegenheit menschlicher Gemeinschaft, die ihn mit Fassung zu ertragen weiß. Die individuelle Tragik, persönliches Leid werden durch die Gemeinschaft abgefangen. Der Tod kann als konstitutives Element des Menschseins nicht abgewendet, wohl aber in den sozialen Zusammenhang integriert werden, sei es durch Rituale, sei es durch die schlichte Gewohnheit einer steten Wiederkehr des Gleichen.

Neben aller Besinnlichkeit der Bilder vom toten Fischer existiert im Spätwerk Oldenburgs allerdings eine um so erstaunlichere Ausgelassenheit in der Darstellung eines geradezu wolkenlosen Glücks badender Menschen am Meer. Mit heller, luftiger Farbgebung verscheucht der Maler jeden

Gedanken ans Sterben. Der Kontrast zu den düsteren Meditationen über den Tod könnte kaum eindrucksvoller sein.

M 294 zeigt in spürbarer Heiterkeit eine Gruppe von Badenden, dic vor Wonne zu vergehen scheinen. Die Expressivität der Farben beugt sich einem fast schon naiven Realismus: der sandfarbene Strand, das meerblaue Wasser, die fleischfarbene Haut. Die gelöste Haltung der Figuren kennzeichnet ein Reich der Sorglosigkeit, das der Maler mit traumwandlerischer Selbstverständlichkeit abseits jeder gedanklichen Schwere gestaltet.

Dennoch verdrängt Oldenburg nicht einfach den Gedanken ans Sterben, um womöglich für die Dauer einiger Pinselstriche erleichtert aufzuatmen. Vielmehr ist die pralle Darstellung sorglosen Lebens eine Folge der gesteigerten Empfänglichkeit für alles Lebendige gerade im Bewußtsein des Todes.

»Immer spielt ihr und scherzt? ihr m ü ß t ! o Freunde! mir geht diß /
In die Seele, denn diß müssen Verzweifelte nur.«[7]

Natürlich träumt sich der vom Alter Gezeichnete jung und lebendig. Diese erträumte Lebendigkeit ist um so intensiver, je näher der Tod rückt. Und wenn vom Träumen die Rede ist, so erschließt sich auf diesem Wege die Bedeutung des Schaffens für den späten Oldenburg: es ist ein Kampf ums Überleben auf einem der Realität entzogenen Schlachtfeld. Alle Kraft, alle Energie Oldenburgs ist auf diesen Zweck ausgerichtet: sein intensives Leben und Erleben als Schaffender gegen die Bedrückung durch die realen Umstände zu verteidigen.

Mit einem Anflug von Trotz winkt das Leben aus dem Bild von den Badenden hervor. Es ist das Leben als ein von Notwendigkeit, von Schicksal unberührtes, ungebundenes Spiel, wie es sich im schöpferischen Prozeß der Kunst traumhaft verwirklicht. Oldenburg hat seinen Nietzsche gelesen:

»Ich kenne keine andre Art, mit grossen Aufgaben zu verkehren als das S p i e l .«[8]

So schicksalhaft der Schlaganfall in Oldenburgs Leben eingebrochen sein mag, an diesem Punkt wählt Oldenburg frei und unbeschwert sein Schicksal und stellt sein Leben in den spielerischen Dienst der Kunst: solange er lebt, wird er malen, und solange er malt, wird er leben.

»Meine Formel für die Grösse am Menschen ist a m o r  f a t i : dass man Nichts anders haben will, vorwärts nicht, rückwärts nicht, in alle Ewigkeit nicht. Das Nothwendige nicht bloß ertragen, noch weniger verhehlen [...], sondern es l i e b e n ...«[9]

Und so ist es für ihn nicht die Frage, ob sein künstlerisches Schaffen neue Wege beschreitet oder zum Beispiel im Rückgriff auf das eigene Frühwerk Vertrautes pflegt. So oder so ist sein Schaffen Ausdruck eines unbeugsamen Willens, einer unsterblichen Liebe zum Leben, und kein noch so schwerer Schlag ist in der Lage, ihn von seinem Weg abzubringen.

Ein erneuter Verweis auf die Bauernbilder, die ja zu seinen frühesten wie zu seinen spätesten Werken gehören, mag dies noch einmal erläutern. Trotz aller technischen Entwicklung über Jahrhunderte und Jahrtausende hinweg ist die Arbeit des Bauern in letzter Instanz den Launen der Natur unterworfen. Die kleinste Unregelmäßigkeit, das geringste Ungleichgewicht im ökologische System kann die Arbeit einer ganzen Saison zunichte machen. Dennoch ist im Leben des Bauern kein Raum für Lamentationen: er rettet, was zu retten ist, und begibt sich an die Arbeit des kommenden Jahres. Im Augenblick der zerstörten Ernte gilt seine Aufmerksamkeit der neuen Saat. Eingebunden in die geregelten Abläufe der Natur trotzt er ihren Launen und macht weiter.

Diese Einsicht erklärt den vordergründig idyllischen Charakter der ländlichen Szenen selbst des Spätwerks. Die unermüdliche Arbeit begegnet dem Unausweichlichen mit gelassener Zuversicht, die keinen Stillstand kennt und die Verzweiflung besiegt.

Ernst Oldenburg macht weiter. Er malt, wie der Bauer nach erlittenem Verlust eine neue Saat ausbringt. Und sein Antrieb ist die Zuversicht im Wissen um die Fähigkeit des Menschen, selbst die widrigsten Gegebenheiten des Wirklichen zu transzendieren.

Als erstes Gemälde nach der Rückkehr aus der Rehabilitationsklinik entstand das bereits erwähnte Selbstporträt M 506, das den Maler – wie zur Bekräftigung seiner Überlebenskunst – eben als Maler darstellt, gewissermaßen als Bohemien, mit Mütze und Schal, aber mit einem Blick, der eine geradezu richterliche Strenge ausstrahlt, eine Kraft und Entschlossenheit, die unbeirrbar die Spanne zwischen Schuld und Sühne, zwischen Leben und Tod ausmißt.

Ein späteres, wohl das vorletzte Selbstbildnis des Malers (M 467; Abb. S. 323) geht auf diesem Weg noch einen Schritt weiter. Nichts mildert die Strenge, die Entschlossenheit des Ausdrucks. Die äußerst aufrechte Haltung verstärkt noch den Eindruck der Unbeugsamkeit. Aber bis auf den Kopf ist das Bild bloß noch skizzenhaft ausgeführt: Oberkörper und Arme sind mit wenigen Strichen bloß angedeutet – dennoch ist das Gemälde erwiesenermaßen vollendet.

Und zwar um so vollendeter in der Bestimmung der Position des Künstlers nach dem Schlaganfall. »Da die Vollendung des Menschen die Fülle seines Selbstbewußtseins und der Mensch in seinem Sein selbst wesentlich endlich ist, gipfelt die menschliche Existenz im freiwilligen Hinnehmen der Endlichkeit.«[10]

Das Bewußtsein des nahen Todes besiegelt letztgültig den Beschluß Oldenburgs, in aller Konsequenz und gegen alle Widrigkeiten sein Leben vom Anfang bis zum Ende in den schweren Dienst der Kunst zu stellen: Die Kunst ist sein Leben, selbst im Angesicht des Todes. Und so mag der Körper des Künstlers wie im Selbstporträt der eigenen Auflösung entgegengehen, der entschlossene Wille Oldenburgs jedoch lebt in seiner Kunst weiter.

Marco Schwinning

**1** Aesop: *Greis und Tod*, in: Fabeln der Antike 1985, S. 75. **2** Bataille 2002, S. 100. **3** Kojève 1975, S. 258. **4** Bataille 2002, S. 111. **5** Hölderlin 1992, Bd. I, S. 447. **6** Kojève 1975, S. 254. **7** Hölderlin 1992, Bd. I, S. 271. **8** *Ecce Homo*, in: Nietzsche 1988, Bd. VI, S. 297. **9** Ebd. **10** Kojève 1975, S. 264.

# 1931 BIS 1945

M 267 · FISCHERKOMPOSITION · 1931 · ÖL AUF LEINWAND · 15,5 X 22 CM

M 4 · FLÖTENSPIELER · 1932 · ÖL AUF LEINWAND · 63 X 45 CM

M 201 · PORTRAIT ANNEMARIE VON SPECHT · 1944 · TEMPERA, ÖL AUF HOLZ · 46 X 35 CM

M 5 · PORTRAIT DIRIGENT WILHELM FURTWÄNGLER · 1932 · ÖL AUF LEINWAND · 100 X 80 CM

M 754 · MAJOR A. D. GEORG POGGE · DAT. 1945 · ÖL AUF LEINWAND · 70 X 47 CM

M 14 · MÄNNERPORTRAIT MIT ALTEM STUHL UND BUCH · CA. 1945–1949 · ÖL AUF LEINWAND · 73,5 X 53,5 CM

M 17 · FRAUENBILDNIS · CA. 1945–1949 · ÖL AUF LEINWAND · 46 X 73 CM

M 16 · FRAUENBILDNIS MIT PERLENKETTE · CA. 1945–1949 · ÖL AUF LEINWAND · 57 X 44 CM

M 23 · BAUERN BEI DER KORNERNTE AM MEER · CA. 1945–1949 · ÖL AUF LEINWAND · 60 X 78,5 CM

M 22 · LANDSCHAFT BEI STRALSUND · CA. 1945–1949 · ÖL AUF LEINWAND · 50 X 60 CM

M 31 · MUTTER UND KIND · DAT. 1945–1949 · TEMPERA AUF PAPIER · 190 X 90 CM

M 20 · FISCHER · CA. 1945–1949 · TEMPERA AUF PACKPAPIER · 75 X 102 CM

M 28 · WERFTARBEITER (MIT ZWEI BOOTEN) · CA. 1945–1949 · TEMPERA AUF PACKPAPIER · 65 X 70 CM

M 27 · WERFTARBEITER · CA. 1945–1949 · TEMPERA AUF PACKPAPIER · 72 X 100 CM

M 26 · WERFTARBEITER · CA. 1945–1949 · TEMPERA AUF PACKPAPIER · 75 X 101 CM

M 29 · WERFTARBEITER · CA. 1945–1949 · TEMPERA AUF PACKPAPIER · 73 X 109 CM

 M 33 · WERFT STRALSUND · CA. 1945–1949 · TEMPERA AUF PAPIER · 55 X 78,4 CM

M 8 · DER 1. LOGGER »OKTOBERREVOLUTION« · 7. NOV. 1949 · ÖL AUF LEINWAND · MASSE UNBEKANNT

M 695 · SELBSTPORTRAIT · DAT. 1945 · ÖL AUF LEINWAND · MASSE UNBEKANNT

1945 BIS 1957

 M 11 · WERFTARBEITER · CA. 1947 · ÖL AUF LEINWAND · MASSE UNBEKANNT

M 206 · WERFTARBEITER · 1945 ODER 1955 · ÖL AUF LEINWAND · MASSE UNBEKANNT

 M 7 · WERFT SASSNITZ · CA. 1946/47 · ÖL AUF LEINWAND · MASSE UNBEKANNT

M 12 · WERFTARBEITER · 1949 · ÖL AUF LEINWAND · MASSE UNBEKANNT

M 692 · MENSCHEN IM STOLLEN (BERGBAU) · DAT. 50ER JAHRE · ÖL AUF LEINWAND · MASSE UNBEKANNT

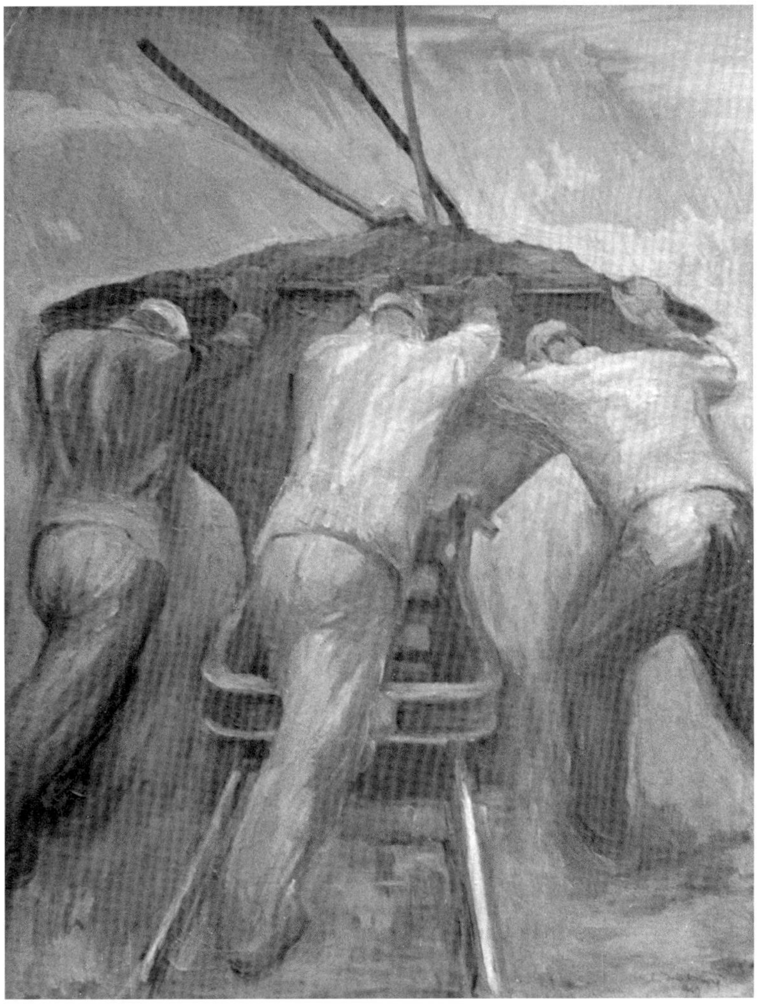

M 9 · WERFT · 1946 · ÖL AUF LEINWAND · MASSE UNBEKANNT

M 6 · WERFT ROSTOCK · CA. 1946 · ÖL AUF LEINWAND · MASSE UNBEKANNT

M 282 · BAUERN · 50ER JAHRE · ÖL AUF LEINWAND · MASSE UNBEKANNT

M 627 · PASTORALE II · DAT. 50ER JAHRE · ÖL AUF HOLZ · 75,5 X 60 CM

M 571 · PORTRAIT PAUL WEGENER · DAT. 1946 · ÖL AUF LEINWAND · MASSE UNBEKANNT

M 34 · PORTRAIT ERNST LEGAL · 1947 · ÖL AUF LEINWAND · 49 X 38,5 CM

Z 85 · PORTRAIT ELISABETH MÜLLER · 1946 · TUSCHE ÜBER RÖTEL AUF TONPAPIER · 55,3 X 38 CM

M 211 · SIBBERSDORFER SEE, HOLSTEIN · 1954 · ÖL AUF HOLZ · 71 X 91 CM

M 94 · HOCKEN AM SIBBERSDORFER SEE · 1954 · ÖL AUF LEINWAND · 42 X 59,5 CM

M 36 · HOLSTEINISCHE LANDSCHAFT · 1954 · ÖL AUF LEINWAND · 40 X 60 CM

M 37 · MONDLANDSCHAFT AM KELLERSEE (SCHLESWIG-HOLSTEIN) · 1954 · ÖL AUF PAPPE · 33 X 44 CM

M 93 · EUTINER SEE · 1954 · ÖL AUF HOLZ · 39,5 X 57, 5 CM

M 87 · LANDSCHAFT BEI EUTIN, SIBBERSDORFER SEE · 1956 · ÖL AUF LEINWAND · 40 X 60 CM

 Z 112 · SELBSTBILDNIS MIT BASKENMÜTZE · 1954 · KOHLE AUF PAPIER · 34 X 27 CM

M 44 · SELBSTBILDNIS · 1956 · ÖL AUF HOLZ · 44 X 31 CM

 M 91 · MOORSOLDATEN · 1955 · ÖL AUF KARTON · 39,5 X 56,5 CM

M 96 · RUFER · 1954 · MISCHTECHNIK AUF ZEFASIT · 78 X 58,5 CM

M 42 · ZWEI SICH AUFBÄUMENDE PFERDE MIT REITERN · 1956 · ÖL AUF HARTFASER · 78 X 84 CM

 M 95 · PORTRAIT DAGNY FREIFRAU VON HARDENBERG · 1955 · ÖL AUF LEINWAND · 59 X 40 CM

M 214 · PORTRAIT WILLY BAUM, AMTSBÜRGERMEISTER MARL · 1956 · ÖL AUF HOLZ · 68 X 52 CM

M 215 · PORTRAIT RUDOLF HEILAND, ERBAUER UND BÜRGERMEISTER DER STADT MARL · 1956 · ÖL AUF HOLZ · 87 X 68 CM

M 221 · PORTRAIT BERGASSESSOR GUSTAV SCHMID, ZECHE AUGUSTE VICTORIA, MARL · 1959 · ÖL AUF HOLZ · 79 X 58 CM

M 216 · PROF. DR. PAUL BAUMANN, CHEMISCHE WERKE HÜLS · 1956 · ÖL AUF LEINWAND · 98 X 75,5 CM

M 88 · HAMBURGER HAFEN · 1955 · ÖL AUF LEINWAND · 60 X 81 CM

M 89 · NIENDORFER YACHTHAFEN · 1955 · ÖL AUF LEINWAND · 60 X 41,5 CM

M 40 · ZECHE AUGUSTE VICTORIA · 1956 · ÖL AUF LEINWAND · 60 X 70 CM

M 41 · HOF OVERBECK IN MARL · 1956 · ÖL AUF LEINWAND · 50 X 70 CM

M 212 · BLICK AUF DIE ZECHE AUGUSTE VICTORIA · 1956 · ÖL AUF LEINWAND · 60 X 100 CM

M 334 · DOPPELBILDNIS · 1956 · ÖL AUF ZEFASIT · 85 X 75 CM

1957 BIS 1968

M 328 · BAUERN AM ABEND AM WALDRAND · 1957 · ÖL AUF HOLZ · 60 X 50 CM

M 105 · KOMPOSITION VIOLETT-WEISS · CA. 1958 · MISCHTECHNIK AUF ZEFASIT · 54 X 49,5 CM

M 639 · AKT · 1958 · ÖL AUF HARTFASERPLATTE · 100 X 73 CM

M 75 · KOMPOSITION BRAUN-BLAU · 1959 · ÖL AUF HOLZ · 60 X 40 CM

M 541 · INSELHOF · 1958 · ÖL AUF ZEFASIT · 39 X 50 CM

M 217 · INSELHOF AM DIECKSEE · 1957 · ÖL AUF HOLZ · 53 X 35 CM

M 60 · LANDSCHAFT AUF DEM INSELHOF · 1958 · ÖL AUF HOLZ · 50 X 55 CM

M 62 · INSELHOF · 1958 · ÖL AUF LEINWAND · MASSE UNBEKANNT

M 67 · BLICK AUF DEN DIECKSEE · 1958 · ÖL AUF LEINWAND · MASSE UNBEKANNT

M 65 · LANDSCHAFT MIT WOLKEN · CA. 1958 · ÖL AUF LEINWAND · MASSE UNBEKANNT

 M 85 · DER INSELHOF · 1959 · ÖL AUF HOLZ · 40 X 60 CM

M 107 · SCHIFFE AUF DER LIPPE · 1960 · KASEIN, GOUACHE AUF LEINWAND · 60 X 100 CM

 M 569 · PORTRAIT MUTTER DES KÜNSTLERS »JOHANNCHEN SKIZZE« · 1958 · ÖL AUF LEINWAND · 61 X 51 CM

M 570 · SELBSTBILDNIS · 1958 · MISCHTECHNIK AUF HOLZ · 49 X 33,5 CM

 M 81 · FISCHER · 1959 · MISCHTECHNIK AUF HOLZ · 77 X 96 CM

M 48 · FISCHER · 1957 · MISCHTECHNIK AUF ZEFASIT · 72 X 56 CM

 M 566 · KOMPOSITION ROT-BLAU · 1959 · MISCHTECHNIK, SAND AUF LEINWAND · 101 X 120 CM

M 161 · PFERDE AUF DER WEIDE · 1960 · KASEIN AUF HOLZ · 70 X 90 CM

 M 157 · SCHREITENDE · 1960 · MISCHTECHNIK AUF HOLZ · 71 X 47,6 CM

D 22 · DIE PERIPATHETIKER, EPREUVE D'ARTISTE 15/50 · 1960 · LINOLDRUCK DREIFARBIG AUF GRAUEM PAPIER, HANDÜBERARBEITET · 52 X 35 CM

S 7 · STEHENDE I, 2. VERSION · 1961 · BRONZE, 4 LEBZEITGÜSSE IN BRONZE · H. 54 X B. 11 X T. 23 CM

D I · STEHENDE, EPREUVE D'ARTISTE, AUFLAGE 5 EXEMPLARE · 1960 · LINOLDRUCK AUF KARTON, HANDÜBERARBEITET · 48 X 26,7 CM

D II · MATERNITÉ, EPREUVE D'ARTISTE, AUFLAGE UNBEKANNT · 1960 · LINOLDRUCK AUF WEISSEM PAPIER, HANDÜBERARBEITET MIT SCHWARZER GOUACHE · 48 X 34 CM

D 23 · STEHENDE, EPREUVE D'ARTISTE 11/50 · 1960 · LINOLDRUCK ZWEIFARBIG AUF WEISSEM PAPIER · 50 X 47 CM

M 165 · PAAR · 1960 · ÖL AUF HOLZ · 58,5 X 38,5 CM

M 82 · SKIZZE ZWEI MENSCHEN · 1959 · ÖL AUF HOLZ · 66 X 50 CM

 Z 162 · SIEBEN MENSCHEN · DAT. 1960 · TINTE, TUSCHE, BLEISTIFT AUF AQUARELLPAPIER · 43,8 X 56,3 CM

Z 106 · ZWEI FRAUEN · 1960 · KOHLE, RÖTEL AUF WEISSEM KARTON · 68 X 41,5 CM

Z 88 · KONTEMPLATION · 1960 · GOUACHE ÜBER SEPIA UND RÖTEL AUF INGRESPAPIER · 59,5 X 44 CM

 M 148 · DREI FRAUEN IM LICHT · 1960 · KASEIN AUF HOLZ · 83 X 73 CM

D 27/2 · ZWEI MENSCHEN, AUFLAGE UNBEKANNT · 1961 · LINOLDRUCK DREIFARBIG AUF GELBEM TONPAPIER · 73 X 53,5 CM

G 20 · ZWEI MENSCHEN · 1960 · LITHOGRAPHIE HANDÜBERARBEITET, GOUACHE TERRA DI SIENA UND PAYNESGRAU · 55,3 X 40,4 CM

 M 108 · DREI STEHENDE · 1965 · MISCHTECHNIK AUF LEINWAND · 90 X 70 CM

M 362 · DREIERGRUPPE · 1965 · MISCHTECHNIK, SAND AUF LEINWAND · 150 X 115 CM

M 193 · DREI MENSCHEN IM GESPRÄCH · 1966 · MISCHTECHNIK, SAND AUF LEINWAND · 90 X 70 CM

S 11 · MITTLERE STEHENDE · 1961 · BRONZE, UNRUHIGE OBERFLÄCHE, LEBZEITGUSS · H. 80 X B. 20 X T. 18 CM

S 2 · PAAR · 1961 · BRONZE, UNRUHIGE OBERFLÄCHE, NEUGUSS · H. 38 X B. 23,5 X T. 12,5 CM

S 1 · KLEINE SCHREITENDE · 1960 · GIPS FÜR BRONZE · H. 31 × B. 24 × T. 12 CM

S 3 · PAAR · DAT. ENDE 60ER JAHRE · GIPS FÜR BRONZE, RUHIGE OBERFLÄCHE · H. 33 × B. 18 × T. 11 CM

Z 227 · SKIZZENBLATT · DAT. 60ER JAHRE · FILZSTIFT AUF PAPIER · 21 X 29,6 CM

Z 237 · SKIZZENBLATT · DAT. 60ER JAHRE · KUGELSCHREIBER AUF PAPIER · 29,6 X 21 CM

Z 242 · SKIZZENBLATT CALLOSA · DAT. 60ER JAHRE · KUGELSCHREIBER AUF KARTON · CA. 21,3 X 38 CM

Z 243 · SKIZZENBLATT CALLOSA · DAT. 60ER JAHRE · KUGELSCHREIBER AUF KARTON · CA. 22,5 X 35,3 CM

Z 349 · TROST · 1961 · GOUACHE ÜBER FETTKREIDE AUF KARTON · 61 X 43 CM

Z 342 · TROST · DAT. 1961 · GOUACHE ÜBER FETTKREIDE AUF AQUARELLPAPIER · 60 X 43,2 CM

Z 332 · MEDITATION · 1961 · KOHLE, GOUACHE AUF AQUARELLPAPIER · 43,2 X 59,1 CM

Z 341 · STEHENDE · 1960 · GOUACHE ÜBER KOHLE, WISCHTECHNIK AUF AQUARELLPAPIER · 60 X 43,2 CM

Z 84 · STEHENDE · 1961 · KOHLE, GOUACHE AUF WEISSEM KARTON · 45,6 X 29 CM

Z 337 · STEHENDE · 1961 · KOHLE AUF WEISSEM PAPIER · 57,5 X 42 CM

Z 104 · STEHENDE · 1961 · KOHLE AUF WEISSEM KARTON · 52 X 36 CM

D 26 · MATERNITÉ, GRAVURE 47/50 · 1961 · GRAVURE ZWEIFARBIG, BEI LACOURIÈRE/PARIS GEDRUCKT · 57 X 32 CM

D 9 · ZWEI MENSCHEN, GRAVURE 24/90 · 1961 · GRAVURE ZWEIFARBIG · 76,6 X 56,3 CM

D 19 · DREI MENSCHEN, AUFLAGE 200 EXEMPLARE, EINIGE EPREUVES D'ARTISTE · 1961 · LITHOGRAPHIE, DREIFARBIG, DRUCKEREI PONS, PARIS · 50 X 38,5 CM

D 69 · TROST, AUFLAGE 50 EXEMPLARE · 1961 · LITHOGRAPHIE DREIFARBIG, DRUCKEREI PONS, PARIS · 56 X 45 CM

D 75 · ZWEI MENSCHEN, GRAVURE, AUFLAGE 50 EXEMPLARE · 1961 · GRAVURE ZWEIFARBIG, GEDRUCKT BEI LACOURIERE, PARIS · 76,6 X 56,3 CM

M 696 · ZWEIERGRUPPE · DAT. 60ER JAHRE · MISCHTECHNIK AUF LEINWAND · MASSE UNBEKANNT

M 729 · HOCKENDE · DAT. 60ER JAHRE · MISCHTECHNIK AUF LEINWAND · MASSE UNBEKANNT

M 739 · PAAR · DAT. 60ER JAHRE · MISCHTECHNIK AUF HOLZ · MASSE UNBEKANNT

 M 722 · BAUERNKOMPOSITION · DAT. 60ER JAHRE · ÖL AUF LEINWAND · MASSE UNBEKANNT

M 740 · MENSCHEN AM MEER · 1960 · KASEIN AUF ZEFASIT · 60 X 80 CM

 M 155 · DE PROFUNDIS · 1961 · ÖL AUF LEINWAND · 121 X 100 CM

 M 146 · DREIERGRUPPE · 1963 · MISCHTECHNIK AUF LEINWAND · 120 X 90 CM

M 274 · PIETÀ SCHWARZ-WEISS · 1963 · ÖL AUF LEINWAND · 120 X 163 CM

 M 735 · KOMPOSITION PAAR · 1965 · MISCHTECHNIK, SAND AUF LEINWAND · 111 X 86 CM

M 572 · KOMPOSITION ZWEI FRAUEN · 1963 · ÖL AUF LEINWAND · 101 X 60 CM

M 576 · PAAR · 1963 · ÖL AUF LEINWAND · 90,5 X 60,5 CM

 M 142 · ZWEI TRAUERNDE · 1963 · ÖL AUF LEINWAND · 115 X 150 CM

M 317 · BLAU-SCHWARZ KOMPOSITION · 1964 · ÖL, SAND AUF LEINWAND · 90 X 111 CM

M 138 · KOMPOSITION BLAU · 1964 · ÖL AUF LEINWAND · 100 X 85 CM

M 139 · KOMPOSITION HOCKENDE · 1964 · ÖL AUF LEINWAND · 96 X 75,5 CM

M 583 · MUTTER UND KIND · DAT. 1965 · MISCHTECHNIK AUF LEINWAND · 85 X 70 CM

M 299 · MATERNITÉ · CA. 1966 · GOUACHE AUF LEINWAND · 80,5 X 45,5 CM

M 118 · MATERNITÉ · 1965 · MISCHTECHNIK, SAND AUF LEINWAND · 100 X 70 CM

M 117 · MATERNITÉ · 1965 · MISCHTECHNIK MIT LEICHTER STRUKTUR AUF HOLZ · 80 X 60 CM

 M 725 · HOCKENDE · 1964 · MISCHTECHNIK AUF LEINWAND · MASSE UNBEKANNT

M 119 · KOMPOSITION ZWEI MENSCHEN · 1965 · ÖL AUF HOLZ · 51,3 X 40 CM

 M 110 · ZWEI FRAUEN · 1965 · MISCHTECHNIK AUF LEINWAND · MASSE UNBEKANNT

M 111 · ZWEI MENSCHEN · 1965 · MISCHTECHNIK, SAND AUF LEINWAND · 105 X 75 CM

 M 271 · ZWEI SITZENDE ROT-GRAU-GRÜN · 1965 · MISCHTECHNIK AUF LEINWAND · 80 X 110 CM

M 120 · ZWEI MENSCHEN · 1965 · MISCHTECHNIK AUF LEINWAND · 100 X 80 CM

 M 197 · ZWEIERGRUPPE · 1966 · MISCHTECHNIK AUF LEINWAND · 90,5 X 110,5 CM

M 194 · ZWEI MENSCHEN · 1966 · ÖL AUF LEINWAND · 75 X 90 CM

 M 191 · ZWEI FRAUEN · 1967 · MISCHTECHNIK, SAND AUF LEINWAND · 85,5 X 101 CM

M 192 · HOCKENDE · 1967 · MISCHTECHNIK AUF LEINWAND · 90 X 75 CM

D 17/2 · ZWEIERGRUPPE, EPREUVE D'ARTISTE, AUFLAGE 5 EXEMPLARE · 1965 · HOLZSCHNITT DREIFARBIG AUF AQUARELLPAPIER · 39,8 X 31,2 CM

D 76 · HOCKENDE, SONDERDRUCK · 1965 · LINOLDRUCK ZWEIFARBIG AUF WEISSEM PAPIER · 59,5 X 42,2 CM

D 30/1 · HOCKENDE, AUFLAGE 5 EXEMPLARE · 1965 · LINOLDRUCK ZWEIFARBIG AUF AQUARELLPAPIER · 50 X 39 CM

D 49A · HOCKENDE, SONDERDRUCK, OHNE AUFLAGE · 1965 · LINOLDRUCK AUF WEISSEM KARTON · 41 X 33,4 CM

D 49 · HOCKENDE, SONDERDRUCK, AUFLAGE 3 EXEMPLARE · 1965 · LINOLDRUCK AUF WEISSEM KARTON · 41 X 33,4 CM

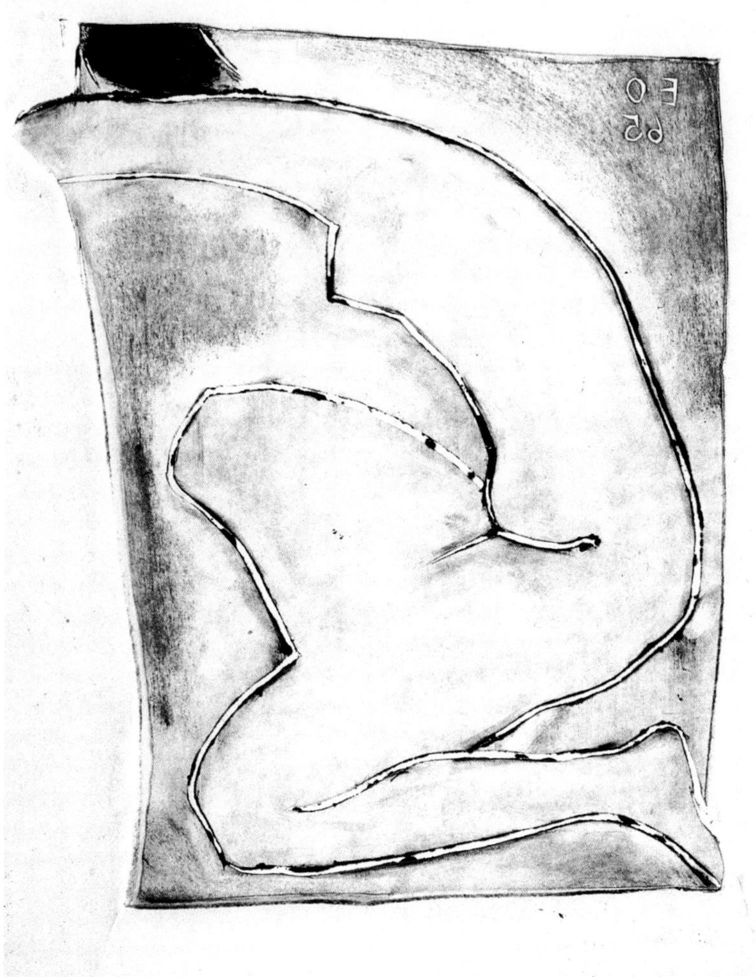

D 59 · SONDERDRUCK, EPREUVE D'ARTISTE · DAT. 1965 · HOLZDRUCK ZWEIFARBIG AUF WEISSEM TONPAPIER · 61 X 43 CM

S 19 · HOCKENDE · DAT. 1967 · BRONZE, LEBZEITGUSS · H. 45,5 X B. 27 X T. 47 CM

S 8 · KLEINE LIEGENDE · 1962 · BRONZE, 3 NEUGÜSSE 1999, ORIGINAL GIPS POLYCHROMIERT · H. 11 X L .47 X T. 22 CM

1968 BIS 1974

 M 170 · SICH AUFBÄUMENDES PFERD · 1968 · ÖL AUF LEINWAND · 100 X 80 CM

M 687 · KOMPOSITION ROT · 1971 · MISCHTECHNIK AUF LEINWAND · 85 X 65 CM

M 163 · PFERDE · 1969 · ÖL AUF LEINWAND · 60 X 80 CM

M 288 · DREI PFERDE · 1968 · MISCHTECHNIK AUF LEINWAND · 76 X 90 CM

M 189 · PFERDE MIT REITERN · 1968 · KASEIN AUF LEINWAND · 45 X 80 CM

M 613 · KOMPOSITION PFERDE · 1968 · MISCHTECHNIK AUF LEINWAND · 54 X 90 CM

M 176 · ZWEIERGRUPPE · 1968 · ÖL AUF HOLZ · 60 X 80 CM

M 178 · ZWEI MENSCHEN GRÜN · 1968 · MISCHTECHNIK, SAND AUF LEINWAND · 80,5 X 110,5 CM

M 633 · DREI MENSCHEN · 1968 · MISCHTECHNIK AUF LEINWAND · 96,5 X 80 CM

M 175 · ZWEIERGRUPPE · 1968 · ÖL, GOUACHE AUF LEINWAND · 100 X 86 CM

M 177 · ZWEI MENSCHEN · 1968 · ÖL AUF LEINWAND · 90 X 70 CM

 M573 · ZWEIERGRUPPE · DAT. 1968 · MISCHTECHNIK AUF LEINWAND · MASSE UNBEKANNT

M 171 · HOCKENDE · 1968 · MISCHTECHNIK, SAND AUF LEINWAND · 100,5 X 85,5 CM

 S 100 · KNIENDE · 1963 · BRONZE, LEBZEITGUSS · H. CA. 20,5 CM

S 9 · MATERNITÉ · 1962–1971 · SCHWEDISCHER SANDSTEIN, UNRUHIGE OBERFLÄCHE · H. 106,5 X B. 36 X T. 43 CM

 S 14 · MITTLERE LIEGENDE I · 1968 · BRONZE · H. 31 X L .42 X T. 22 CM

S 20 · HOCKENDE · DAT. 1968 · KUNSTSTEIN SILBER-GRÜN GETÖNT · H. 48,5 X B. 17,5 X T. 23,5 CM

S 15 · GROSSE LIEGENDE I · 1969 · GRANIT AUS AURISINA, ITALIEN · H. 14,5 × L. 66 × T. 24 CM

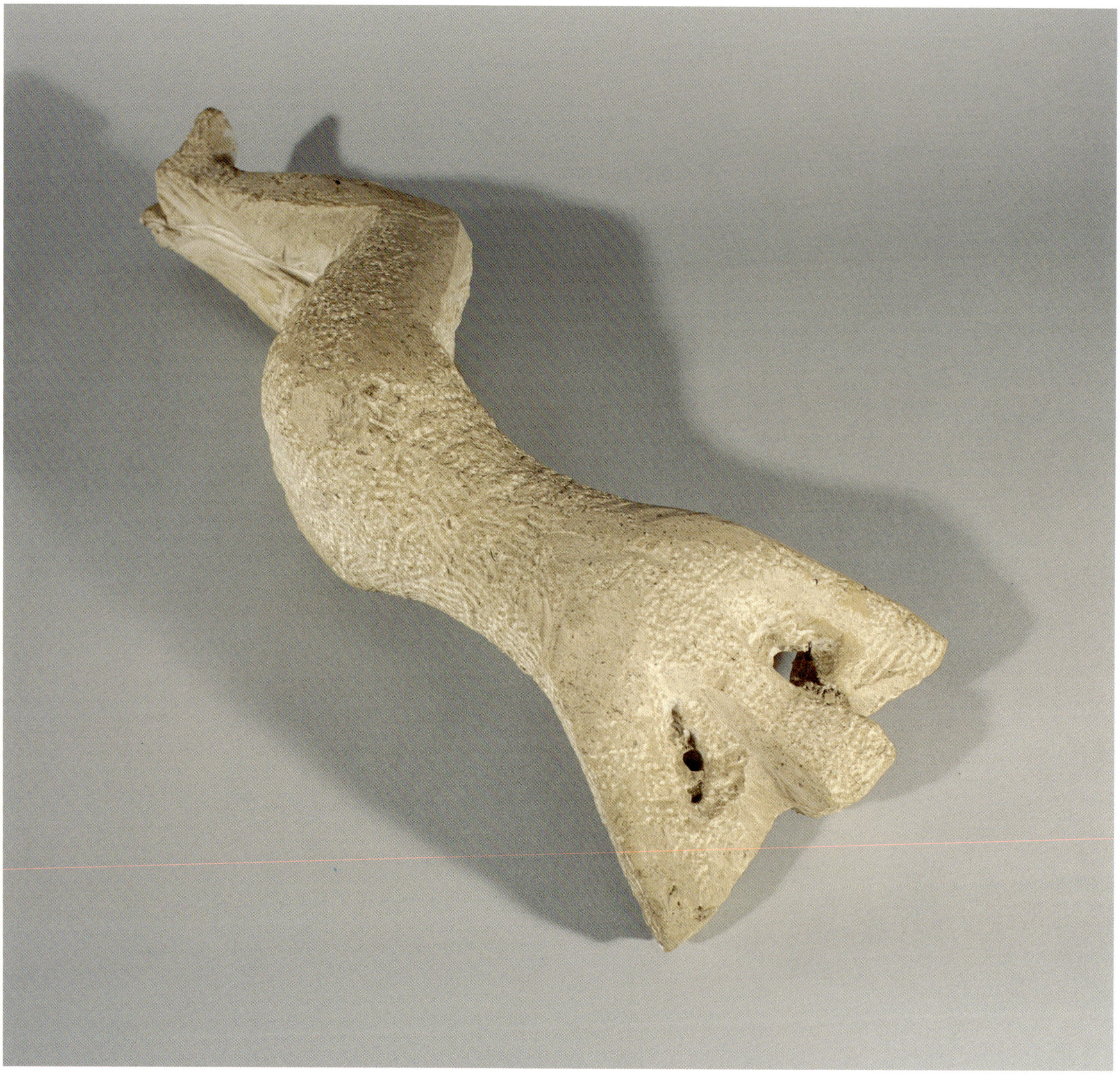

S 78 · LIEGENDE · 1968 · KUNSTSTEIN BRAUN GETÖNT WIE BRONZE · H. 20,5 X L. 50 X T. 28,5 CM

 S 23/1 · HOCKENDE · 1969 · KUNSTSTEIN OCKER GETÖNT · H. 49 X B. 23,5 X T. 23,5 CM

S 23 · HOCKENDE · 1969 · BRONZE HOCHPOLIERT · H. 49 X B. 23,5 X T. 23,5 CM

M 602 · PORTRAIT DIRIGENT MARIO ROSSI · 1971 · MISCHTECHNIK AUF GROBGRUNDIERTER LEINWAND · 120 X 90,5 CM

M 608 · PORTRAIT M. JOHANNPETER · 1971 · ÖL AUF LEINWAND · 110 X 95,5 CM

M 235 · PORTRAIT BRUNO VOGEL · 1971 · ÖL AUF LEINWAND · 90 X 50 CM

M 637 · PORTRAIT GERTRUD DRAHEIM · 1969 · ÖL AUF LEINWAND · 76 X 42 CM

M 169 · PORTRAIT STELLA OLDENBURG · 1969 · ÖL AUF LEINWAND · 48 X 33 CM

M 225 · KOMPOSITION GRÜN-SCHWARZ · 1970 · ÖL AUF LEINWAND · 70 X 55 CM

M 2 · HOCKENDE · 1971 · MISCHTECHNIK, SAND AUF LEINWAND · 90 X 60 CM

M 227 · HOCKENDE · 1971 · GOUACHE AUF LEINWAND · 90 X 70 CM

M 179 · ZWEI MENSCHEN · 1969 · ÖL AUF HOLZ · MASSE UNBEKANNT

M 388 · ZWEIERGRUPPE · 70ER JAHRE · MISCHTECHNIK AUF LEINWAND · MASSE UNBEKANNT

M 180 · DREI MENSCHEN IM GESPRÄCH · 1968 · MISCHTECHNIK AUF LEINWAND · 95 X 62 CM

 M 329 · KOMPOSITION ROT-GELB-SCHWARZ · 1973 · ÖL AUF LEINWAND · 90 X 70 CM

M 324 · STUDIE · 1973 · MISCHTECHNIK, SAND AUF LEINWAND · 70 X 50 CM

 M 222 · MENSCHENFRIES · 1970 · ÖL, SAND AUF LEINWAND · 72 X 110,5 CM

M 223 · MENSCHENFRIES · 1970 · ÖL AUF LEINWAND · 73 X 115,5 CM

M 554 · 1. BILD AUS EINEM TRIPTYCHON · 1970 · ÖL AUF LEINWAND · 72 X 111 CM

Z 129 · SKIZZENBLATT CALLOSA · 1970 · KUGELSCHREIBER AUF KARTON · 9,4 X 48 CM

Z 131 · SKIZZENBLATT · 1970 · FETTSTIFT AUF PAPIER · 18,3 X 61,5 CM

Z 132 · SKIZZENBLATT · 1970 · KUGELSCHREIBER, TUSCHE AUF PAPIER · 13,3 X 60 CM

Z 151 · SKIZZENBLATT · 1970 · KUGELSCHREIBER, TUSCHE AUF KARTON · 13,5 X 59 CM

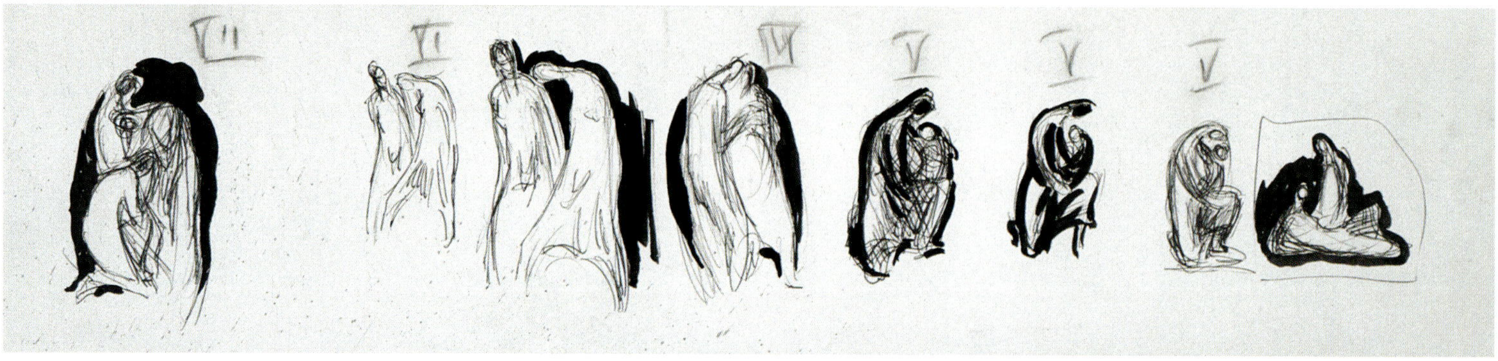

Z 203 · SKIZZENBLATT · 1970 · KUGELSCHREIBER, TUSCHE, BLEISTIFT AUF PAPIER · 21,5 X 30 CM

Z 9 · SKIZZENBLATT · DAT. 1970 · BLEISTIFT AUF GRÜNLICHEM INGRESPAPIER · 32,5 X 48 CM

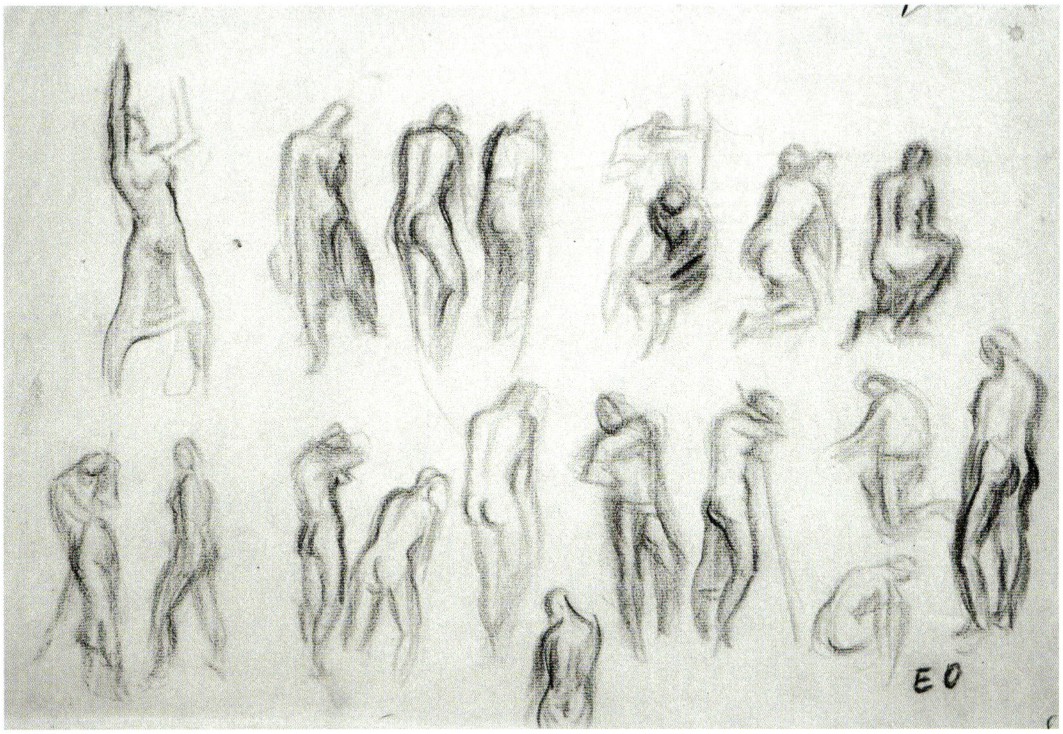

Z 50 · MATERNITÉ · DAT. 1970 · FETTSTIFT SCHWARZ AUF WEISSEM PAPIER · 35,8 X 22,8 CM

Z 347 · MATERNITÉ · 1970 · TUSCHE ÜBER KOHLE AUF AQUARELLPAPIER · 50 X 39 CM

Z 152 · SKIZZENBLATT · 70ER JAHRE · BLEISTIFT AUF KARTON · 23 X 30,8 CM

Z 325 · LIEGENDE · 1970 · KOHLE AUF WEISSEM INGRESPAPIER · 34,1 X 48,3 CM

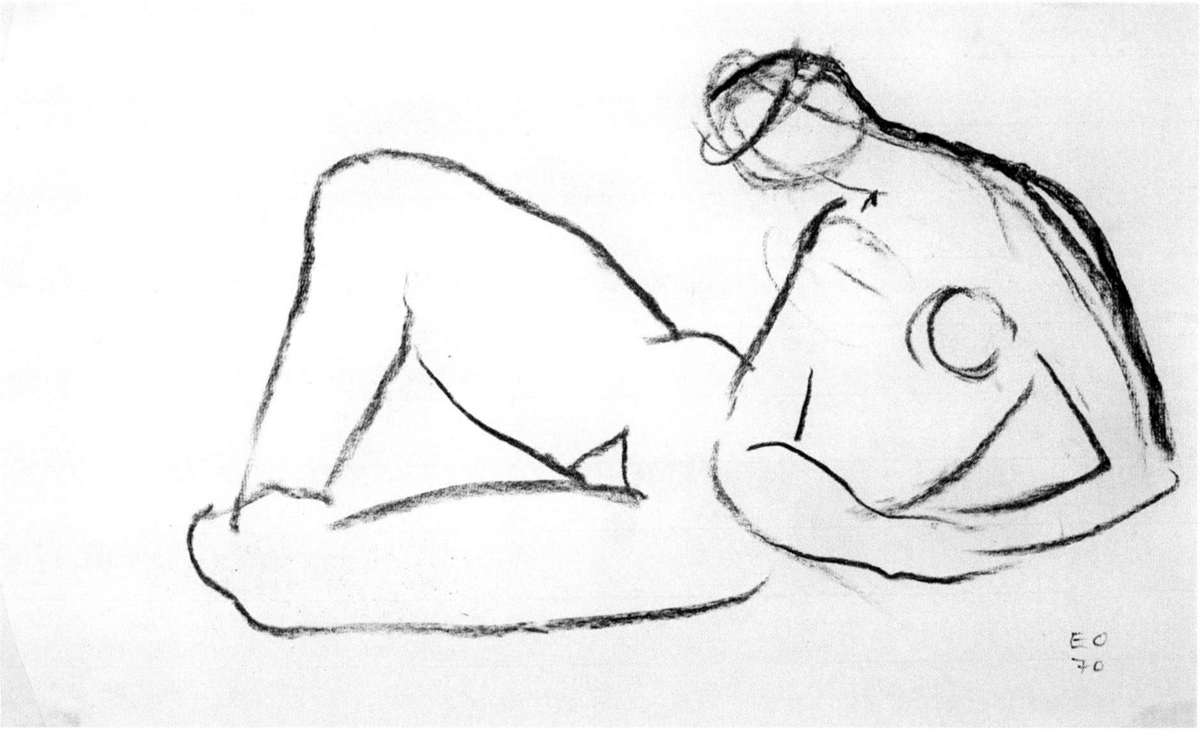

 M 387 · MATERNITÉ · 70ER JAHRE · MISCHTECHNIK AUF LEINWAND · MASSE UNBEKANNT

M 252 · MATERNITÉ · 1972 · ÖL AUF LEINWAND · 110 X 80 CM

 S 26 · MATERNITÉ II · 1969 · BRONZE, LEBZEITGUSS I · H. 48 X B. 25 X T. 23 CM

S 25 · SITZENDE UND TORSO AUF AUSGEHÖHLTEM STEIN, DOPPELSKULPTUR · 1969 · BRONZE, GRÜN-GRAUE PATINA, METALLSICHTIG · H. 73,5 X B. 35,5 X T. 32,5 CM

 S 32 · HOCKENDE · 1970 · BRONZE, LEBZEITGUSS · H. 58,5 X B. 23,5 X T. 32 CM

S 80 · HOCKENDE · DAT. 1970/1972 · BRONZE, NEUZEITGUSS KAYSER, DÜSSELDORF · MASSE UNBEKANNT

S 29 · KLEINE BEGEGNUNG, MAQUETTE FÜR GROSSPLASTIK IN UNNA 1969 · 1968 · BRONZE, GRÜN PATINIERT · H. 28 X B. 17,5 X T. 9,5 CM

S 88 · PAAR, GROSSPLASTIK · DAT. 1968/1969 · KUNSTSTEIN MIT GIPS, UNBEHANDELT · H. CA. 140 CM

M 336 · FISCHERKOMPOSITION · 1971 · GOUACHE, ÖL AUF HOLZ · 50 X 70 CM

M 229 · MOORSOLDATEN · 1971 · ÖL AUF LEINWAND · 100 X 150 CM

M 674 · DREIERGRUPPE · 1973 · ÖL AUF LEINWAND · MASSE UNBEKANNT

M I · ZWEIERGRUPPE · 1972 · MISCHTECHNIK, SAND AUF NESSEL · 75 X 95 CM

M 245 · ZWEIERGRUPPE · 1972 · MISCHTECHNIK AUF LEINWAND · 71 X 70 CM

 M 246 · HOCKENDE · 1972 · MISCHTECHNIK AUF HOLZ · 68,5 X 54,5 CM

M 565 · KOMPOSITION ZWEI HOCKENDE OCKER-GELB · 1972 · ÖL AUF LEINWAND · 80 X 70 CM

 M 560 · ROT-SCHWARZ · 1972 · MISCHTECHNIK MIT SAND AUF LEINWAND · 90 X 72 CM

M 307 · SCHWARZ-GOLD · 1972 · ÖL AUF LEINWAND · 92,5 X 70 CM

R 9 · KREUZWEG, 1., 2., 3. STATION · 1972 · BRONZE BRAUN PATINIERT, METALLSICHTIG · H. 55 X B. 165 CM

R 10 · KREUZWEG, DETAIL: 1. STATION, AUS R 9 · 1972 · BRONZE BRAUN PATINIERT, METALLSICHTIG · H. 55 X B. 55,3 CM

R 13 · KREUZWEG, 4., 5., 6. STATION · 1972 · BRONZE BRAUN PATINIERT, METALLSICHTIG · H. 55 X B. 166,3 CM

R 15 · KREUZWEG, DETAIL: 5. STATION, AUS R 13 · 1972 · BRONZE BRAUN PATINIERT, METALLSICHTIG · H. 55 X B. 55,5 CM

 Z 95 · SKIZZEN ZUM KREUZWEG · 1971 · KOHLE AUF LICHT OCKERFARBENEM INGRESPAPIER · 49 X 63,5 CM

Z 91 · SKIZZEN ZUM KREUZWEG · 1971 · KOHLE AUF WEISSEM INGRESPAPIER · 49 X 63,2 CM

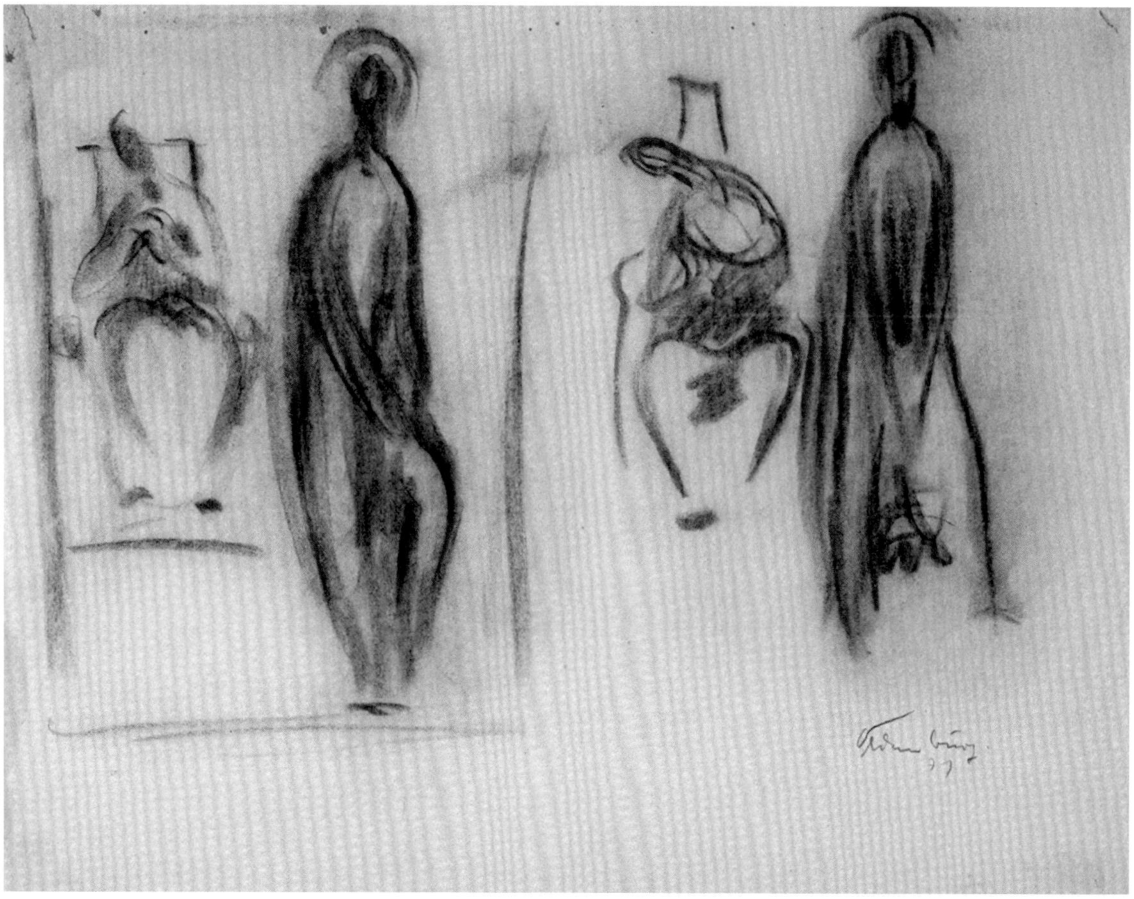

Z 90 · SKIZZEN ZUM KREUZWEG · 1971 · KOHLE AUF WEISSEM INGRESPAPIER · 49 X 63,2 CM

Z 96 · SKIZZEN ZUM KREUZWEG · 1971 · KOHLE AUF LICHT OCKERFARBENEM INGRESPAPIER · 49 X 63,5 CM

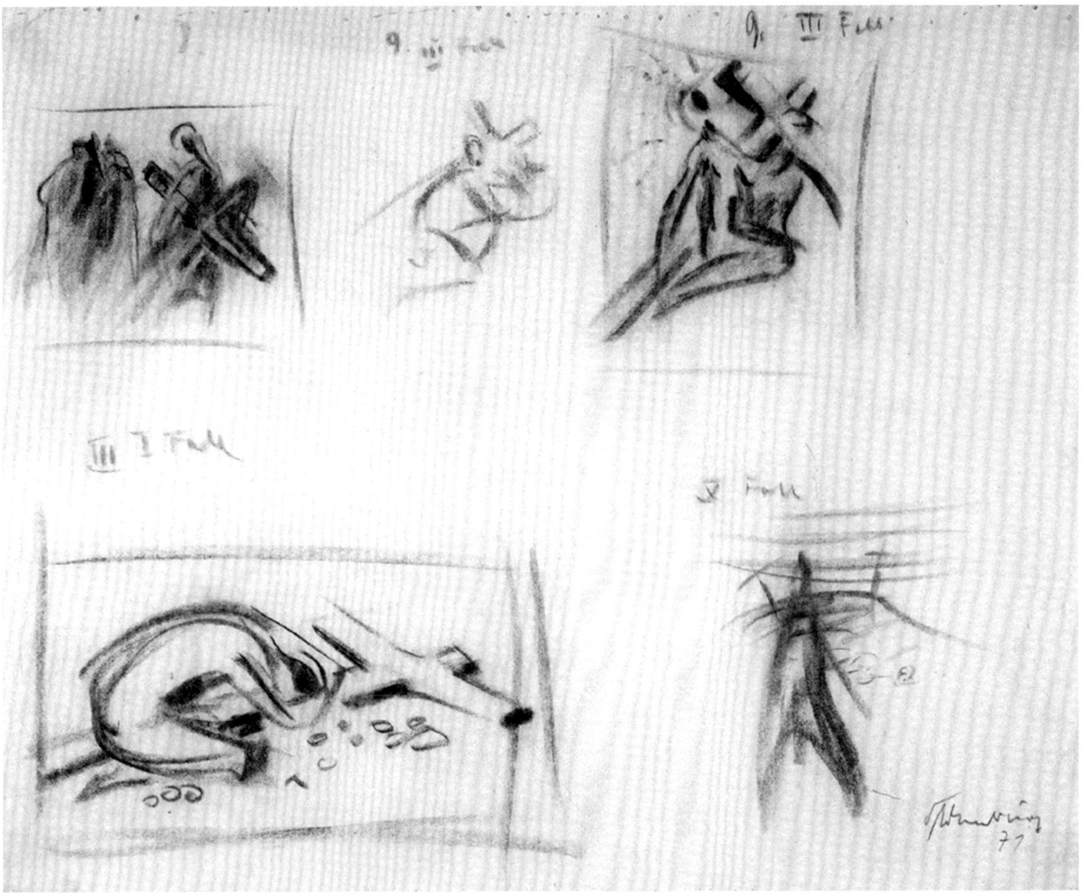

# 1974 BIS 1988

EO
79

EO

EO

EO

M 652 · KREUZWEG, 12. STATION: JESUS STIRBT AM KREUZ (ROMANO GUARDINI) · 1979 · MISCHTECHNIK, SAND, LEINWAND AUF HOLZ GELEIMT · 73 X 53 CM

M 653 · KREUZWEG, 13. STATION: PIETÀ, JESUS WIRD VOM KREUZ ABGENOMMEN · 1979 · MISCHTECHNIK, SAND, LEINWAND AUF HOLZ GELEIMT · 53 X 73 CM

M 654 · KREUZWEG, 14. STATION: JESUS WIRD INS GRAB GELEGT (ROMANO GUARDINI) · 1979 · MISCHTECHNIK, SAND, LEINWAND AUF HOLZ GELEIMT · 53 X 73 CM

 Z 352 · HOCKENDE · 1977 · JAPANTUSCHE ÜBER BLEISTIFT AUF DÜNNEM PAPIER · 60 X 45 CM

M 411 · HOCKENDE · DAT. 1976 · ÖL AUF LEINWAND · MASSE UNBEKANNT

 M 383 · HOCKENDE · ENDE DER 70ER JAHRE · MISCHTECHNIK, SAND AUF LEINWAND · MASSE UNBEKANNT

M 287 · HOCKENDE · 1979 · MISCHTECHNIK, SAND AUF LEINWAND · 98 X 65 CM

S 68 · LIEGENDE · 1977 · BRONZE · H. 28 X L. 45 X T. 25 CM

S 69 · MUTTER MIT ZWEI KINDERN · 1977 · BRONZE, LEBZEITGUSS · H. 48 X B. 18 X T. 18 CM

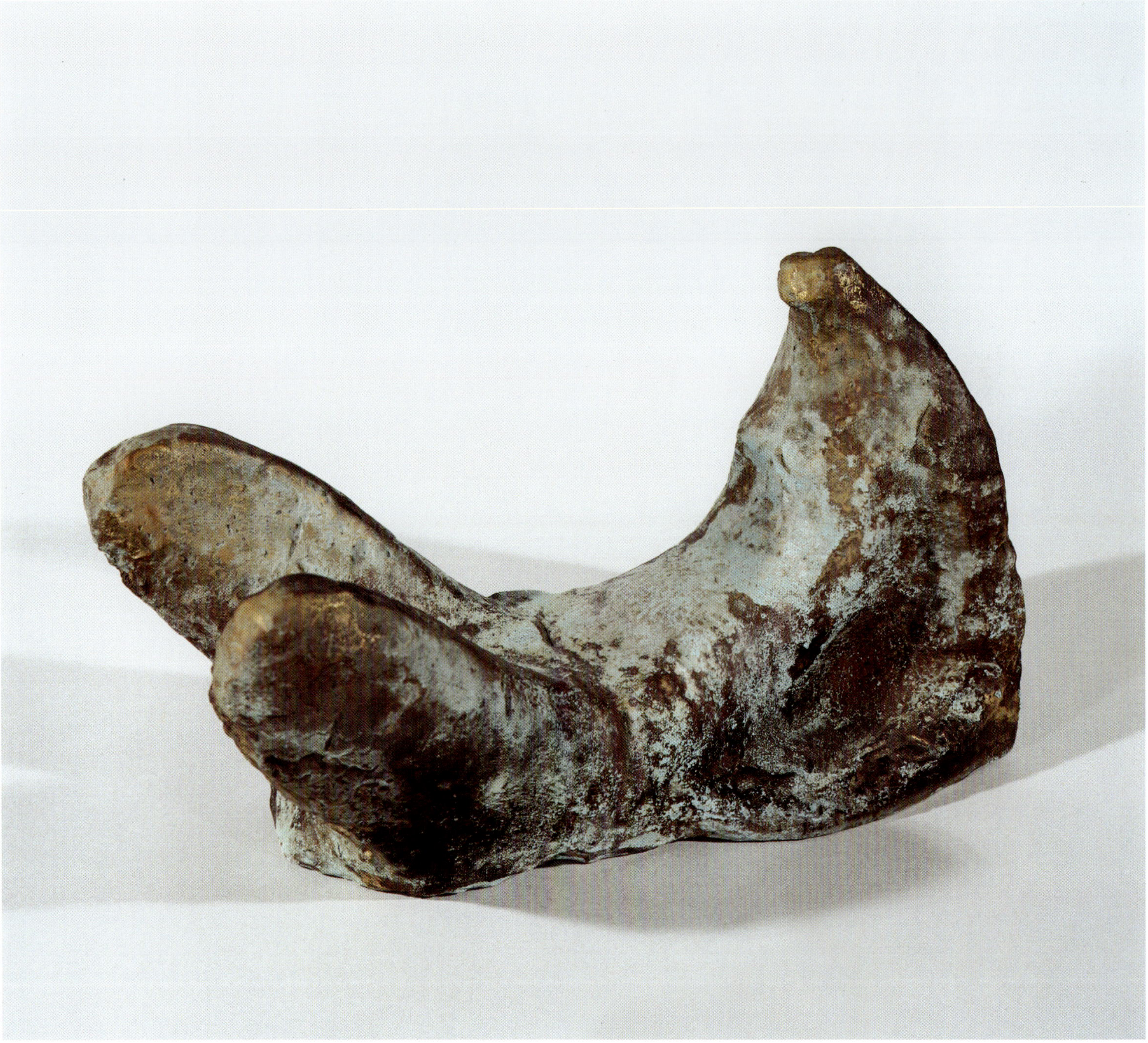

Z 204 · SKIZZENBLATT · 1974 · FILZSTIFT, BLEISTIFT AUF PAPIER · CA. 29,5 X 21 CM

Ausstellung
vom 11. Febr. bis 10 März 1974

S 122 · PAAR · 1974 · EISENTEILE, VERZINKT UND GETÖNT · H. 183 X B. 101 X T. 92 CM

M 609 · KOMPOSITION GRÜN-ROT · 1975 · ÖL AUF LEINWAND · 100 X 90,5 CM

M 381 · KOMPOSITION ROT-SCHWARZ · 1975 · ÖL AUF LEINWAND · 100 X 72 CM

 M 301 · ZWEI FIGUREN · 1975 · ÖL, SAND AUF LEINWAND · 80 X 100 CM

M 318 · ZWEIERGRUPPE · 1975 · MISCHTECHNIK, SAND AUF LEINWAND · 71,5 X 89,5 CM

 M 286 · ZWEIERGRUPPE · 1975 · MISCHTECHNIK AUF LEINWAND · 97 X 120 CM

M 340 · SITZENDE FIGUR AUF GRÜN · 1975 · ÖL AUF LEINWAND · 100 X 72 CM

 M 410 · MATERNITÉ · DAT. 1975 · MISCHTECHNIK, SAND AUF LEINWAND · MASSE UNBEKANNT

M 289 · MATERNITÉ · 1975 · ÖL AUF HOLZ · 85 X 59 CM

S 103 · MUTTER MIT ZWEI KINDERN · 1977 · BRONZE, VERLORENER GUSS, LEBZEITGUSS · H. 39 × B. 32,5 × T. 10,5 CM

S 104 · SCHREITENDE · 1977 · BRONZE, LEBZEITGUSS, VERLORENER GUSS · H. 31,5 X B. 13 X T. 12,5 CM

M 268 · KOMPOSITION BLAU-SCHWARZ · 1975 · ÖL AUF LEINWAND · 100 X 71 CM

M 277 · KOMPOSITION ROT-SCHWARZ · 1975 · MISCHTECHNIK AUF LEINWAND · 100 X 72 CM

S 118 · TRAUERNDE · 1979 · HOLZ (AMAZAKOUE) · H. 41 X B. 18,5 X T. 16 CM

S 116 · RUFER · 1985/86 · BRONZE, LEBZEITGUSS · H. 22,7 X B. 12 X T. 7 CM

 D 82 · HOCKENDE, SONDERDRUCK, AUFLAGE 3 EXEMPLARE · 1976 · LINOLSCHNITT BRAUN AUF BLAUEM TONPAPIER · 68,3 X 48,8 CM

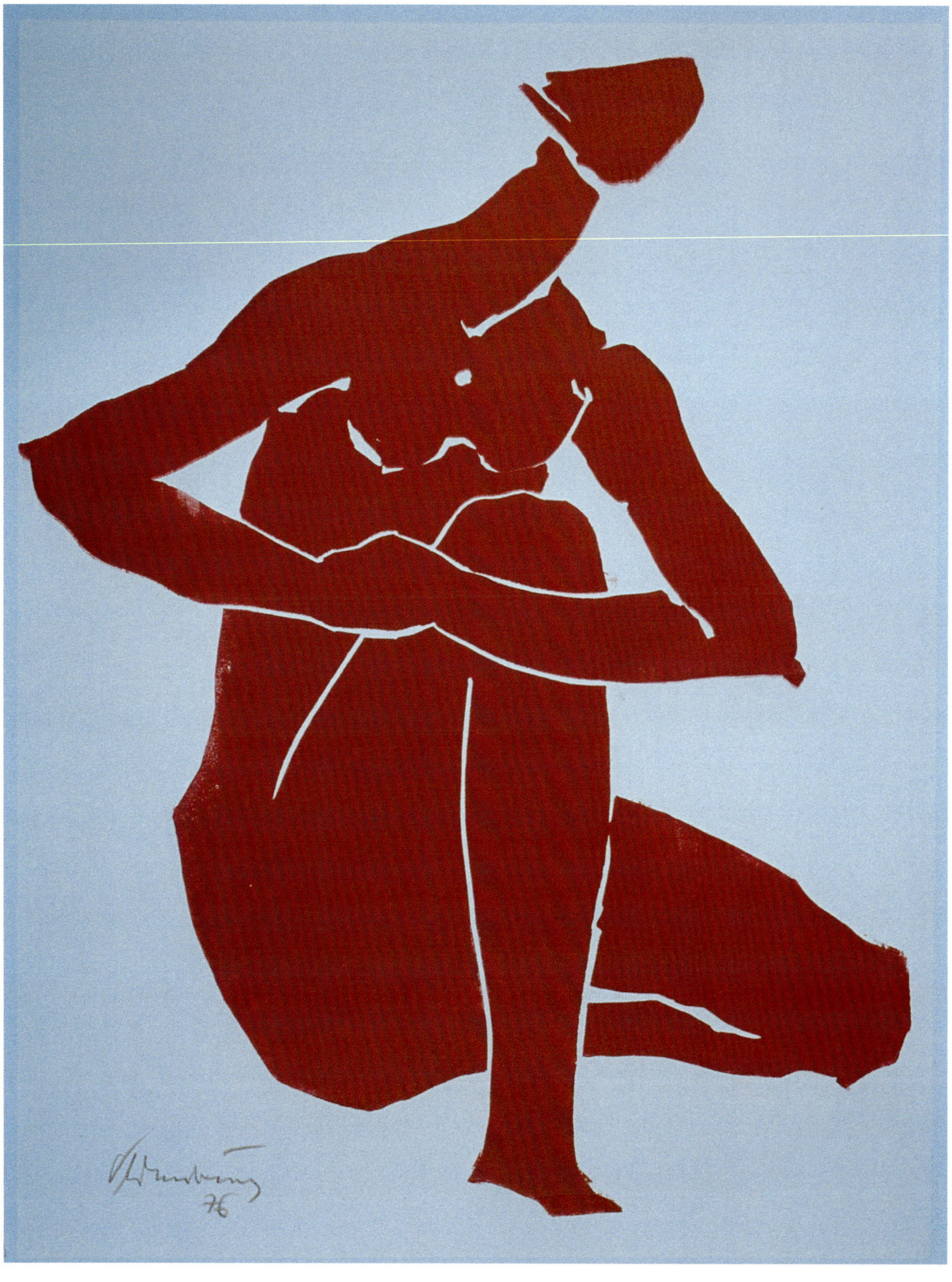

D 81/1 · HOCKENDE, SONDERDRUCK, OHNE AUFLAGE, STUDIE FÜR SKULPTUR »MEDITATION I« · 1975

LINOLDRUCK ZWEIFARBIG AUF GRÜNEM TONPAPIER · 69 X 50 CM

D 44/2 · HOCKENDE, EPREUVE D'ARTISTE · 1977 · LINOLDRUCK SCHWARZ AUF GELBEM TONPAPIER · 70 X 50 CM

D 44/1 · HOCKENDE, AUFLAGE 6/20 · 1977 · LINOLDRUCK BLAU AUF WEISSEM PAPIER · 70 X 50 CM

D 77/2 · HOCKENDE, SONDERDRUCK, OHNE AUFLAGE · 1975 · LINOLDRUCK BLAU AUF HELLBLAUEM TONPAPIER · 70 X 50 CM

D 79 · HOCKENDE, SONDERDRUCK, OHNE AUFLAGE · 1975 · LINOLDRUCK SCHWARZ AUF GELBEM TONPAPIER · 69,7 X 49,5 CM

D 24/2 · HOCKENDE, EPREUVE D'ARTISTE, OHNE AUFLAGE · 1977 · LINOLDRUCK BLAU AUF WEISSEM KARTON · 74,5 X 50 CM

D 24 · HOCKENDE, HANDDRUCK, OHNE AUFLAGE · 1977 · LINOLDRUCK ROT AUF WEISSEM PAPIER · 62 X 45,5 CM

M 412 · DREIERGRUPPE · 1980 · MISCHTECHNIK, SAND AUF LEINWAND · 80 X 60 CM

M 365 · KOMPOSITION DREIERGRUPPE · DAT. 1979 · MISCHTECHNIK AUF HOLZ · 80 X 60 CM

D 80 · HOCKENDE, SONDERDRUCK, OHNE AUFLAGE · 1975 · LINOLDRUCK SCHWARZ AUF BLAUEM TONPAPIER · 65,5 X 45 CM

M 363 · KOMPOSITION · 1979/1980 · MISCHTECHNIK, SAND AUF LEINWAND · 150 X 115 CM

M 372 · KOMPOSITION ROT-SCHWARZ · 1977 · GOUACHE AUF LEINWAND · 95 X 68 CM

D 6 · ATLANTIC CITY, LINO-CUT, AUFLAGE 25 EXEMPLARE · 1977 · LINOLDRUCK DREIFARBIG AUF WEISSEM PAPIER · 29 X 39 CM

D 7 · DREI FRAUEN, LITHOGRAPHIE, 15 FARBLICH VERSCHIEDENE DRUCKE UND MASSE · 1977 · LITHOGRAPHIE · 49,8 X 57,2 CM

D 47 · DER VERLORENE SOHN, EPREUVES D'ARTISTE, AUFLAGE 10 EXEMPLARE · 1977 · LINOLDRUCK ZWEIFARBIG AUF INGRESPAPIER · 63 X 48 CM

D 47/1 · DER VERLORENE SOHN, LITHOGRAPHIE, AUFLAGE 50 EXEMPLARE · 1977 · LITHOGRAPHIE BLAU AUF WEISSEM PAPIER · MASSE UNBEKANNT

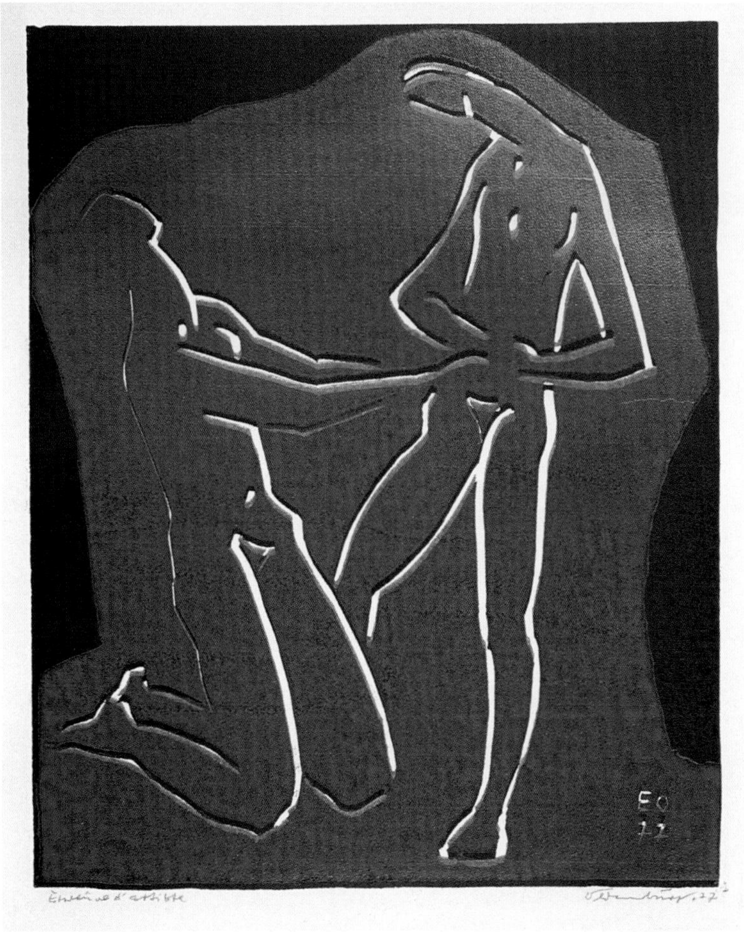


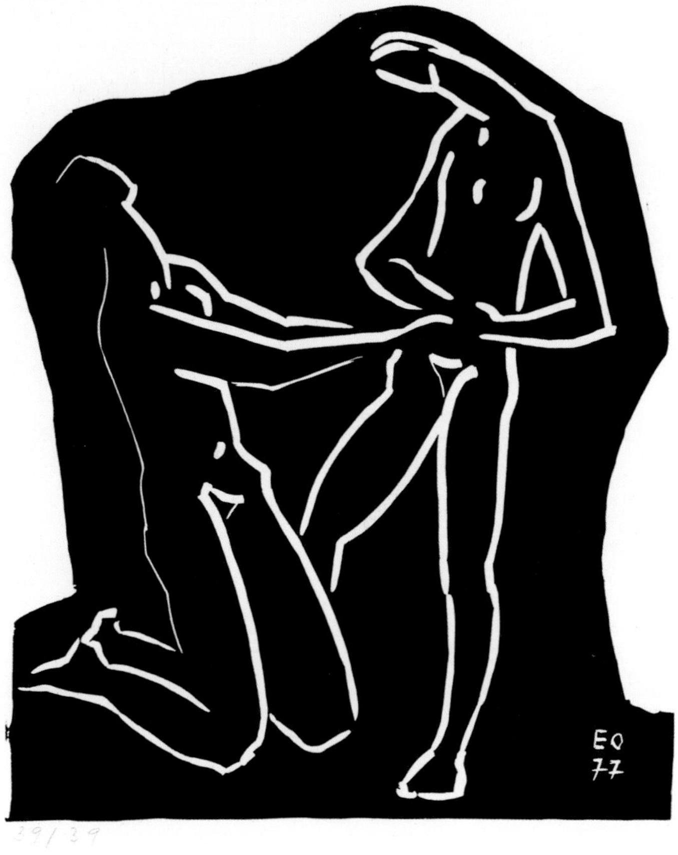

D 72 · PAAR, EPREUVE D'ARTISTES, AUFLAGE 5 EXEMPLARE · 1977 · ZWEIFARBENDRUCK AUF WEISSEM PAPIER · 69,7 X 49,5 CM

D 42 · ZWEI FRAUEN, EPREUVES D'ARTISTE, AUFLAGE 4 EXEMPLARE · 1977 · LINOLDRUCK ZWEIFARBIG AUF WEISSEM PAPIER · 63,5 X 48 CM

M 568 · PORTRAIT JOSEF RAMAS · 1983 · ÖL AUF LEINWAND · 70 X 60 CM

M 603 · PORTRAIT HELGARD THORWARTH · 1981 · ÖL AUF LEINWAND · 100 X 90 CM

 M 601 · PORTRAIT KLAUS SCHLIEMANN · 1981 · ÖL AUF LEINWAND · 100 X 70 CM

M 745 · PORTRAIT TINA RESCH · 1982 · ÖL AUF LEINWAND · 90 X 70 CM

Z 177 · SKIZZENBLATT · 1977 · TUSCHE ÜBER KUGELSCHREIBER AUF PAPIER · 19,3 X 33,6 CM

Z 46 · SKIZZENBLATT · DAT. 1976 · GRISAILLE AUF KARTON · 17,3 X 26 CM

Z 309 · SKIZZEN FÜR SKULPTUREN · DAT. 1977 · FILZSTIFT, BLEISTIFT AUF WEISSEM PAPIER · 43 X 60,7 CM

M 380 · BLAU-ORANGE · 1976 · MISCHTECHNIK AUF ZEFASIT · 73,5 X 53,5 CM

M 361 · ZWEI MENSCHEN AM MEER (ALTANTIC CITY) · 1979 · MISCHTECHNIK, SAND AUF LEINWAND · 160 X 115 CM

M 422 · FISCHERKOMPOSITION BLAU · 1985 · ÖL AUF LEINWAND · 60 X 50 CM

M 556 · KOMPOSITION BLAU-BRAUN · 1984 · MISCHTECHNIK AUF LEINWAND · 98 X 65 CM

M 428 · PAAR · 1984 · MISCHTECHNIK, SAND AUF LEINWAND · 100 X 60 CM

M 423 · ZWEIERGRUPPE · 1985 · MISCHTECHNIK, SAND AUF LEINWAND · 80 X 60 CM

M 427 · ZWEI HOCKENDE, KOMPOSITION BRAUN DUNKEL · 1984 · ÖL AUF HOLZ · 80 X 60 CM

 M 397 · KOMPOSITION GRÜN-GELB · DAT. 1975 · ÖL AUF LEINWAND · 60 X 46 CM

M 676 · ZWEIERGRUPPE · 1975 · MISCHTECHNIK, SAND AUF LEINWAND · 51,3 X 40 CM

 M 537 · LIEGENDE · 1974 · MISCHTECHNIK, SAND AUF GROBER, UNGRUNDIERTER LEINWAND · 50 X 90 CM

M 393 · KOMPOSITION ZWEI MENSCHEN · 1975 · MISCHTECHNIK AUF LEINWAND · 60 X 80 CM

 M 420 · PASTORALE · 1982 · ÖL AUF LEINWAND · 80 X 90 CM

M 549 · BAUERNKOMPOSITION · 1982 · ÖL AUF LEINWAND · 100,5 X 120 CM

 M 312 · DISKUSSION · 1979 · ÖL AUF LEINWAND · 100,5 X 72 CM

M 379 · DREI MENSCHEN · 1976 · MISCHTECHNIK AUF HOLZ · 80 X 60 CM

 M 413 · KOMPOSITION ROT-GRAU-BLAU · 1980 · ÖL AUF LEINWAND · 120 X 100 CM

M 414 · MENSCHEN IM FREIEN · 1981 · ÖL AUF LEINWAND · 102 X 151 CM

 M 542 · ATLANTIC CITY · 1979 · ÖL AUF LEINWAND · 100 X 150 CM

M 272 · DER GLAUBE AN DIE AUFERSTEHUNG · 1980 · ÖL AUF LEINWAND · 100 X 150 CM

M 369 · KOMPOSITION MENSCHEN AM MEER · 1978 · ÖL AUF LEINWAND · 100 X 120 CM

M 535 · KOMPOSITION GRAU-BRAUN · 1978 · ÖL AUF LEINWAND · 120 X 91 CM

 S 55 · DREIERGRUPPE · 1974 · BRONZE · H. 24 X B. 21,5 X T. 10 CM

 M 371 · KOMPOSITION PFERDE IM STURM · 1977 · ÖL AUF LEINWAND · 66 X 80 CM

M 373 · KOMPOSITION PFERDE · 1977 · MISCHTECHNIK MIT SAND AUF LEINWAND · 100 X 80 CM

M 375 · ROT-SCHWARZ · 1976 · ÖL AUF LEINWAND · 110 X 81 CM

M 487 · PORTRAIT STELLA OLDENBURG · 1988 · ÖL AUF LEINWAND · 70 X 50 CM

 M 433 · KOMPOSITION WARM–KALT · 1986 · MISCHTECHNIK, SAND AUF LEINWAND · 90 X 80 CM

M 281 · GRAU-OCKER/MATERNITÉ · 1986 · ÖL AUF LEINWAND · 80 X 61 CM

1988 BIS 1992

 M 506 · SELBSTBILDNIS ERNST OLDENBURG · 1989 · ÖL AUF LEINWAND · 70 X 60 CM

M 467 · SELBSTBILDNIS ERNST OLDENBURG · 1989 · ÖL AUF LEINWAND · 100 X 80 CM

M 628 · PAAR · DAT. 1989 · ÖL AUF HOLZ · 51 X 50 CM

M 322 · ZWEIERGRUPPE · 1990 · GOUACHE AUF LEINWAND · 50 X 60 CM

 M 284 · DREIERGRUPPE · 1988 · MISCHTECHNIK AUF LEINWAND · 59,5 X 50 CM

M 463 · MATERNITÉ BLAU-ORANGE · 1988 · ÖL AUF HELLBLAUGRUNDIERTEM HOLZ · 97 X 78 CM

M 486 · KOMPOSITION GRÜN-ROSA · 1988 · ÖL AUF HOLZ · 78 X 60 CM

M 493 · KOMPOSITION GRÜN-SCHWARZ-OCKER · 1988 · ÖL AUF HOLZ · 80 X 60 CM

M 496 · KOMPOSITION BLAU-BRAUN · 1988 · ÖL AUF LEINWAND · 102 X 70 CM

M 442 · KOMPOSITION HOCKENDE · 1988 · GOUACHE AUF ZARTGRÜNGRUNDIERTER LEINWAND · 80 X 60 CM

 M 494 · FISCHERKOMPOSITION · 1988 · GOUACHE, ÖL AUF UNGRUNDIERTER HOLZPLATTE · 72,5 X 87 CM

M 499 · MENSCHEN AM MEER · 1988 · ÖL AUF GRÜNGRUNDIERTER LEINWAND · 80 X 100 CM

 M 303 · KOMPOSITION BRAUN · 1988 · MISCHTECHNIK AUF LEINWAND · 90 X 70 CM

M 498 · DREI FRAUEN · 1988 · ÖL AUF LEINWAND · 60 X 80 CM

 M 489 · FISCHERKOMPOSITION · 1988 · MISCHTECHNIK AUF BLAUGRUNDIERTER LEINWAND · 70 X 90 CM

M 304 · OCKER-BLAU · 1990 · ÖL, SAND AUF LEINWAND · 91,5 X 110 CM

 M 270 · ENGLISCHROT-GRAU · 1988 · ÖL AUF LEINWAND · 72,4 X 100 CM

M 273 · FISCHERKOMPOSITION · 1988 · ÖL AUF HOLZ · 56 X 76 CM

M 469 · KARTOFFELERNTE · 1989 · ÖL AUF LEINWAND · 60 X 80 CM

M 478 · KARTOFFELERNTE · 1989 · ÖL AUF LEINWAND · 70 X 90 CM

M 479 · PASTORALE · 1989 · ÖL AUF LEINWAND · 79,5 X 100 CM

M 472 · PERIPATHETIKER · 1989 · ÖL AUF LEINWAND · 99,5 X 80 CM

M 473 · VIER MENSCHEN BRAUN-GRÜN · 1989 · ÖL AUF LEINWAND · 85 X 60 CM

 M 484 · MENSCHEN AM MEER · 1989 · ÖL AUF LEINWAND · 58 X 70 CM

M 470 · FISCHERSZENE · 1989 · KASEIN AUF LEINWAND · 99 X 79 CM

 M 468 · ZWEIERGRUPPE · 1989 · MISCHTECHNIK MIT KOHLE AUF OCKERGRUNDIERTER LEINWAND · 60 X 70 CM

M 540 · FIGUR IN GRÜNGRAU · 1989 · ÖL AUF LEINWAND · 70 X 60 CM

 M 600 · MEDITATION · 1989 · ÖL AUF LEINWAND · 40 X 49,3 CM

M 321 · KOMPOSITION BLAU · 1990 · ÖL AUF LEINWAND · 60 X 50 CM

 M 474 · TERRA DI SIENA, GOLD-OCKER · 1989 · ÖL AUF HOLZ · 72,5 X 87 CM

M 488 · KOMPOSITION BRAUN · 1988 · ÖL AUF LEINWAND · 80 X 60 CM

M 607 · PFERDE MIT REITERN · DAT. 1989 · MISCHTECHNIK AUF LEINWAND · 60 X 80 CM

M 515 · REITER UND PFERDE · 1991 · ÖL AUF GELBGRUNDIERTER LEINWAND · 60 X 80 CM

 M 677 · PFERD · 1988 · MISCHTECHNIK AUF LEINWAND · 90 X 100 CM

M 466 · PFERD AUF DER HINTERHAND · 1990 · ÖL AUF LEINWAND · 80 X 60 CM

M 443 · KOMPOSITION SCHWARZ-GRÜN-BLAU-ORANGE · 1990 MISCHTECHNIK AUF HOLZ · 79 X 97 CM

M 527 · FIDELIO · 1991 · ÖL AUF LEINWAND · 60 X 80 CM

M 456 · KOMPOSITION BLAU-ROSA · 1990 · ÖL AUF LEINWAND · 50 X 60 CM

M 461 · KOMPOSITION BAUERN IM ABENDLICHT · 1990 · ÖL ÜBER ÖLKREIDESTIFT · 60 X 80 CM

M 559 · BAUERN · 1991 · ÖL AUF LEINWAND · 90 X 110 CM

M 529 · DER MÄHER · DAT. 1991 · ÖL AUF LEINWAND · 70 X 80 CM

 M 445 · BAUERNKOMPOSITION · 1990 · GOUACHE, ÖL AUF BRAUNGRUNDIERTER LEINWAND · 100 X 80 CM

M 509 · KOMPOSITION ÄHRENLESER · 1991 · GOUACHE AUF DUNKELBRAUNGRUNDIERTER LEINWAND · 80 X 60 CM

M 458 · FISCHERKOMPOSITION · 1990 · ÖL AUF HELLGRÜNGRUNDIERTER LEINWAND · 70 X 100 CM

M 448 · FISCHER · 1990 · ÖL AUF LEINWAND · 60 X 80 CM

 M 444 · DER TOTE FISCHER · DAT. 1990 · ÖL AUF LEINWAND · 60 X 80 CM

M 447 · HEIMKEHR · 1990 · MISCHTECHNIK AUF LEINWAND · 80 X 100 CM

 M 516 · FISCHERKOMPOSITION · 1991 · MISCHTECHNIK AUF BRAUNGRUNDIERTER LEINWAND · 80 X 110 CM

M 744 · FISCHERKOMPOSITION · DAT. 1989 · MISCHTECHNIK AUF LEINWAND · 52 X 72 CM

 M 522 · FISCHERPAAR · 1991 · MISCHTECHNIK AUF LEINWAND · 80 X 60 CM

M 534 · ATLANTIC CITY · 1991 · GOUACHE, ÖL AUF LEINWAND · 90 X 110 CM

 M 449 · AUF DEM HOF DES KÜNSTLERS · 1990 · ÖL AUF LEINWAND · 70 X 110 CM

M 518 · FISCHERKOMPOSITION · 1991 · MISCHTECHNIK AUF BLAUGRUNDIERTER LEINWAND · 60 X 80 CM

 M 525 · LICHT UND SCHATTEN · 1991 · ÖL AUF LEINWAND · 60 X 80 CM

 M 684 · TROST · 1990 · ÖL AUF LEINWAND · 80 X 60 CM

M 454 · KOMPOSITION GELB-ORANGE · 1990 · ÖL AUF LEINWAND · 60 X 80 CM

 M 517 · FISCHERSZENE · 1991 · ÖL AUF LEINWAND · 50 X 90 CM

 M 520 · SITZENDE · DAT. 1991 · ÖL AUF ROTGRUNDIERTER LEINWAND · 80 X 60 CM

M 526 · HERBST · 1991 · ÖL AUF LEINWAND · 90 X 110 CM

M 308 · UNBEKANNT · 1991 · GOUACHE AUF ROTGRUNDIERTER LEINWAND · 80 X 60 CM

M 510 · HOFFNUNG · 1991 · ÖL AUF LEINWAND · 100 X 80 CM

**1914–1928** Am 8.1.1914 wird Ernst Karl Oldenburg als zweiter Sohn von Friedrich Karl Oldenburg und Johanna Lewandowski in Danzig-Kleinwald geboren. Sein Vater fällt 1915 im Ersten Weltkrieg. Seine Mutter heiratet Ende 1917 ein zweites Mal, nun den Tischler Rudolf Zielke.
Nach Abschluß der Schule beginnt er 1927 als Laufbursche bei Johannes Husen, einem Schiffsausrüster. Zwei Monate später malt er Schaufensterdekorationen, u. a. mit Seefahrtsmotiven. 1928 wechselt er zu der Spielwarenfabrik Pomplun in Danzig, um Modelle (Burgen, Bauernhäuser mit Ställen und Tieren, Puppenhäuser mit Inventar u. a.) zu entwerfen und zusammen mit anderen Mitarbeitern auszuführen. Er arbeitet vor allem als Tischler. Zu dieser Zeit sucht er Kontakt zu dem Architekten Prof. Dr. Phleps von der Technischen Hochschule Danzig und unterbreitet diesem seine Entwürfe und technischen Zeichnungen. Phleps empfiehlt ihm, eine Lithographenlehre aufzunehmen.

**1928–1935** Noch im selben Jahr, 1928, bewirbt sich der vierzehnjährige Ernst Oldenburg persönlich um die Aufnahme in das Atelier von Professor Fritz A. Pfuhle (1878–1969) an der Technischen Hochschule von Danzig. Er legt diesem verschiedene Arbeiten vor, ein Portrait in Kohle, *Lungenkranke Frau* betitelt, drei nicht näher bezeichnete Architekturentwürfe zum Thema ›Kirche‹, ein *Bauernhaus*, eine *Landschaft am Meer* sowie ein Portrait seines Großvaters in Bleistift und Kreide, und besteht die Aufnahmeprüfung. Im Jahr darauf, 1929, wird er bereits als Meisterschüler von Pfuhle zu vielen künstlerischen Arbeiten herangezogen. Er erlernt die handwerklichen Grundlagen der Malerei sowie der angewandten Kunst in den Fächern Freihandzeichnen, Perspektive, Aktzeichnen und Aquarellmalen bei Pfuhle und ergänzt seine Studien als Privatschüler im Atelier seines Förderers.
Ende der zwanziger Jahre besuchen etwa 20 000 Studenten die Danziger Hochschule, deren Lehre die technischen Fächer prägen. Während Ernst Oldenburg im Fachbereich Architektur studiert, dem die Malerei angegliedert ist, besucht er auch Vorlesungen in Kunstgeschichte und Philosophie. Zudem erwirbt er Grundkenntnisse in Statik und Baulehre.
Bald steigt er vom Studenten zum Assistenten Fritz Pfuhles auf. In dieser Zeit sammelt er vielfältige künstlerische Erfahrungen, hilft dem Lehrer bei der Ausführung von Wandbildern und Glas-

fenstern oder überträgt Skizzen Pfuhles auf große Vorlagekartons. In den Ferien lebt er bei den Bauern und Fischern auf der Danziger Höhe und an der Weichsel. Hier malt er Landschaften und Genreszenen.
Eine Ausstellung von Arbeiten des Achtzehnjährigen im Jahre 1932 in der Kunstkammer von Danzig zusammen mit Bildern von Otto Dix macht das Werk Ernst Oldenburgs der Öffentlichkeit bekannt. Bereits in diesen Jahren verzeichnet er erste Erfolge als Portraitmaler. Ausstellungen in der Nationalgalerie in Berlin und in der Kunsthalle Hamburg folgen. Oldenburg knüpft erste Kontakte nach Paris und in die USA. Im Rückblick schreibt er an Freunde, besonders Werke von Henri Matisse, Marc Chagall und Pablo Picasso hätten ihn beeindruckt. Spuren in seinem Werk hinterlassen auch seine Kontakte zu Karl Hofer, Ernst Ludwig Kirchner und Max Pechstein, die er während seiner Malferien auf der Kurischen Nehrung kennenlernt. Auf Hiddensee genießt er den Austausch mit seinem Nachbarn Gerhart Hauptmann.
Nach dem Studium knüpft Ernst Oldenburg 1936 Kontakte nach Berlin. Mit seinen bis zu 18 Metern breiten Wandbildern für internationale Firmen wie Lufthansa, Siemens, Sarotti, Nestlé und AEG hat er großen Erfolg. Diese Werke sind nicht erhalten. Ihre Entstehung und Oldenburgs hohe, die Qualität der Wandbilder spiegelnde Honorare sind jedoch durch Rechnungen und Briefe aus dem Nachlaß des Künstlers belegt. Sein erstes eigenes Atelier richtet er sich im Höhne-Park in Danzig ein. Auf seinen Reisen lernt er 1937 Marcel Gromaire und André Lothe in Paris kennen.

**1935–1945** Kurz vor Ausbruch des Zweiten Weltkriegs heiratet Ernst Oldenburg 1938 Stella von Baggehufvudt. 1940 wird ihre Tochter Karola geboren. Arbeiten in Sgrafittotechnik und Freskomalereien entstehen. Der Künstler reist wieder nach Frankreich und Italien.
Von 1940 bis zum Mai 1945 wird Ernst Oldenburg zur Deutschen Kriegsmarine eingezogen und erreicht den Rang eines Oberfähnrichs zur See. Wenige Monate vor Kriegsende wird er schwer verletzt in das Marinelazarett Stralsund eingeliefert. Die vorrückenden russischen Truppen zwingen 1945 die noch in Danzig wohnende Familie zur Flucht nach Stralsund.

Oldenburg (li.) als Mitglied der Meisterklasse Prof. Fritz A. Pfuhle, TH Danzig | Stella und Ernst Oldenburg, März 1939 | Oldenburg im ›Marinekasino‹ vor seinem Wandbild, 1941 | Oldenburg, 1943

In den Bildmotiven der ›Moorsoldaten‹ und des sogenannten ›Rufers‹ sucht Oldenburg seine Fronterfahrungen zu verarbeiten. Gleichzeitig malt er heitere Szenen vom Leben an der Küste: Pferdebilder, Bauern- und Fischergenreszenen, Landschaften. Portraits von Freunden, wohlhabenden Bürgern und Prominenten entstehen.

In Stralsund setzt der junge Künstler seine vielseitigen Fähigkeiten als Leiter des Kulturhauses ›Gorki-Haus‹ ein: Er organisiert Ausstellungen, Theaterabende, Konzerte und Vorträge, betreut namhafte Schriftsteller und Schauspieler wie Bert Brecht, Anna Seghers, Willi Bredel, Ernst Legal und Paul Wegener sowie den Komponisten Rudolf Wagner-Regeny. Portraits Ernst Oldenburgs von ihnen belegen den lebendigen Austausch zwischen den Künstlern. In Zusammenarbeit mit dem Oberbürgermeister der Stadt, Emil Frost, entwirft Ernst Oldenburg Friedhofsanlagen und Ehrenmale für Gefallene. Auf ausdrücklichen Wunsch des sowjetischen Militärkommandanten plant der Künstler ein Denkmal für einen Ehrenfriedhof für die im Zweiten Weltkrieg gefallenen sowjetischen Soldaten am Neuen Markt vor der Marienkirche von Stralsund. 1945 wird das Denkmal eingeweiht. Sein heutiges Aussehen erhält es bei einer grundlegenden Umgestaltung 1967.

Ernst Oldenburg lebt unter den Arbeitern der Volkswerft Stralsund und malt Szenen der dortigen Arbeit. Portraits seiner Kollegen und Industrielandschaften entstehen. Zudem versammelt er eine kleine Gruppe Schüler um sich. Als freiberuflicher Künstler fertigt er Entwürfe, Bildnisse, Wandbilder und Plakate für die Stadtverwaltung, für die Volkswerft von Stralsund sowie für das Fischereikombinat Saßnitz auf Rügen. Aufträge der sowjetischen und der deutschen Kommandantur sowie von privaten Interessenten machen ihn zum erfolgreichen und bekannten Plakat-, Portrait- und Landschaftsmaler.

**1946–1957** Aus dieser Phase sind nur wenige schriftliche wie künstlerische Zeugnisse überliefert, die Einblicke in das Schaffen Ernst Oldenburgs ermöglichen. Die Nachkriegswirren unter russischer Besatzung in Stralsund erschweren zunehmend sein künstlerisches Arbeiten. Er hofft, von Stralsund aus in Berlin als Architekt Arbeit zu finden. Umgezogen nach Berlin-Köpenick, belebt er Kontakte zur

Oldenburg (li.) mit seiner Frau (o. Mitte) bei Freunden | Mit Werftarbeitern in Stralsund 1945/1946 | Im Atelier in Fissau-Eutin | In den Chemischen Werken Hüls, um 1955

Berliner Kulturszene wieder, so zu Bert Brecht, Anna Seghers, Willi Bredel und Ernst Legal, und arbeitet für eine lokale Baubehörde. 1952 richtet er sich ein Atelier in Berlin-Köpenick ein. Die Niederschlagung des Juniaufstandes 1953 bestärkt ihn in seinem Wunsch, in den Westen überzusiedeln. Noch im gleichen Jahr entschließt sich die Familie Oldenburg zur fluchtartigen Übersiedlung, und der Künstler richtet sich in Fissau-Eutin in Holstein ein Atelier ein. Erneut auf Auslandsreisen, nimmt er alte Kontakte wieder auf. 1954 wirbt er mit einem weiteren Atelier in Marl in Westfalen einen größeren Kundenstamm. Freunde und Mäzene helfen der gastfreundlichen und geselligen Familie. In Martha Johannpeter findet Ernst Oldenburg 1957 eine Weggefährtin. Eine Fülle von Landschaften und Portraits entstehen, Ende der fünfziger Jahre weitere Bauern- und Fischerszenen, die in ihrer lebhaften, emotionalen Figurenkonzeption an den späten Expressionismus erinnern, während die Farbigkeit naturalistisch und gedeckt bleibt.
Aus seinen schriftlichen Aufzeichnungen zu schließen, nimmt Ernst Oldenburg die sich international austauschende Kunst des Westens nach seiner Übersiedlung erstaunt und mit großem Interesse wahr. Die informelle Malerei, aus den Vereinigten Staaten nach Europa kommend, dominiert nun die Kunstszene. Angesichts dieser Entwicklung muß und will Ernst Oldenburg sich in seiner Kunst neu ausrichten, was in seinen Arbeiten der späten fünfziger Jahre sichtbar wird. Während Landschaften und Portraits den Lebensunterhalt der Familie sichern, dem Künstler nach der Zwangspause des Krieges helfen, zum Handwerk der Malerei zurückzufinden, entstehen parallel dazu figürliche Arbeiten im abstrahierten Stil.
Ausstellungen zeigen Oldenburgs Werk in Kunstgalerien der Schweiz, in den Niederlanden, Skandinavien, in Hamburg, Kiel und Bremen.

**1957–1968** 1961 arbeitet Ernst Oldenburg längere Zeit in Paris und läßt seine Graphik von der Druckerei M. Lacouriére drucken. Er trifft sich dort mit führenden Mitgliedern der ›Ecole de Paris‹, mit Serge Poliakoff, Hans Hartung und Zoran Anton Music, und lernt Pierre Soulages und Terry Haass kennen. Stilistisch regen diese Kontakte Ernst Oldenburg zu immer stärker abstrahierten Fi-

Die Dorfschule von Unna-Kessebüren 1969 | Mit dem Winkelschleifer an einer Metallskulptur, Mitte 1970er | Bei der Zeichnung, 1972 | Mit Hammer und Meißel an einer Steinplastik, Mitte 1970er

gurenbildern an. Hier entwickelt er nun, aufbauend auf den Charakteristika der Malerei der Klassischen Moderne, durch Reduktion der Form, Lösung der Farbe vom Gegenstand und Anlage eines imaginären Bildraums eine unverwechselbare eigene Bildsprache. Seine Figuren werden zu Trägern grundlegender menschlicher Erfahrungen wie Liebe, Trauer, Trost und Schmerz.

In den Jahren 1960 bis 1962 vollzieht der Künstler diesen Wandel von der Darstellung individueller Schicksale zu Abbildern allgemeinmenschlicher Grunderfahrungen. Die Philosophie Schopenhauers und Nietzsches, aber auch die Ideen von Aristoteles regen ihn zu seinen Interpretationen der menschlichen Beziehungen in seinen Figurenbildern an. Einzelfiguren, Paare und Dreiergruppen werden zu zentralen Themen seines Werkes.

In seiner Malerei erarbeitet er sich einen Fundus an Darstellungsmöglichkeiten, aus dem er ab den sechziger Jahren für seine Bildhauerei schöpft, um sich jedoch im Laufe der siebziger Jahre formal und inhaltlich wieder davon zu lösen. In seinen Bildern zum Thema der Begegnung von Mutter und Kind, Vater und Sohn und dem ›Paar‹ sucht Ernst Oldenburg unbedingte Liebe zu verkörpern. In Arbeiterszenen und größeren Figurengruppen thematisiert er mittels Körpersprache des einzelnen und dessen Zusammenspiels mit der Gruppe die daraus resultierende Dynamik; Spannungen, Nähe und Abkehr werden subtil thematisiert.

Oldenburgs Werk wird in Kunstgalerien präsentiert, zum Beispiel bei Santee Landweer in Amsterdam. 1961 folgen Ausstellungen in den USA, 1962/63 in Dortmund und Frankfurt und 1966/67 u. a. im Rijksmuseum Amsterdam, im Gemeentemuseum Delft und in der Galerie Schaumann in Essen.

**1968–1974** Mitte der sechziger Jahre richtet Ernst Oldenburg in Unna-Kessebüren ein weiteres Atelier ein und beginnt mit Arbeiten in Stein, Bronze und Holz. Wie in seinen Arbeiten in Öl, Tempera und den graphischen Techniken steht der Mensch auch hier im Mittelpunkt. Ernst Oldenburg arbeitet auch in seinen Ateliers in Marl und in Holstein, wird schließlich, 1968, im alten Schulhaus von Kessebüren ansässig und richtet sich dort ebenfalls Ateliers für Malerei und Bildhauerei ein. Zudem hält er sich mehrere Monate in Spanien auf.

In der Glockengießerei Petit & Edelbrock, Gescher | In den USA, 1970er Jahre | Mit einer Schulklasse im Atelier in Unna | An der Staffelei, 1991, mit der linken Hand malend

Seine weiterhin sehr gefragten Landschaften und Portraits werden von großformatigen Figurenkompositionen und der Bildhauerei zunehmend verdrängt. In der seine Malerei begleitenden, diese aber nie direkt vorbereitenden Graphik läßt sich der Wandel zur abstrahierten Körpersprache, Oldenburgs Suche nach der ausdrucksvollsten Gestalt, ablesen.
Ausstellungen seiner Plastik und Malerei machen Ernst Oldenburgs Werk in ganz Europa bekannt: Es wird in Galerien und Kunstzentren in Venedig, Triest, Florenz und Mailand, im Ruhrgebiet in Marl, Dortmund, Castrop-Rauxel und Essen gezeigt. Oldenburgs Arbeiten stehen im öffentlichen Raum in Marl, Unna und Kamen: Er führt Reliefs für private und öffentliche Schwimmbäder aus, 1971 einen Kreuzwegreliefzyklus für die Johanniskirche in Frömern und einen Kreuzweg in Mischtechnik für die St. Laurentiuskirche in Herne, Skulpturen und Gemälde für die Großindustrie sowie für die Stadt Unna. Parallel entstehen weiterhin Arbeiten für private Auftraggeber und Sammler.

**1974–1985** 1974 wird Ernst Oldenburgs Enkelin Francesca Ramas geboren. Im selben Jahr stirbt Martha Johannpeter. 1977 unternimmt Ernst Oldenburg eine längere Reise in die USA und läßt sich zu seiner Serie *Atlantic City* inspirieren. Im Ruhrgebiet und in Italien zeigen Museen und Galerien seine Bilder und Skulpturen.
Seit Beginn der sechziger Jahre konzentriert sich Ernst Oldenburg auf den Menschen, den er nun immer häufiger in einen nur durch Farbe charakterisierten Bildraum stellt. Neben seinen seltener werdenden ländlichen Szenen mit Fischern und Bauern bei der Arbeit und als Teil der Gemeinschaft stehen in den achtziger Jahren gleichberechtigt die anonymen Typen mit expressiver Körpersprache. Das Fischermotiv wird Ernst Oldenburg bis zu seinem Lebensende beschäftigen: Das Warten der Fischerfrauen auf ihre Männer am Abend wird er ebenso wiederholt thematisieren wie das Heraufziehen der Boote auf den Strand und die Gespräche der Fischer nach getaner Arbeit. Prägende Kindheitserinnerungen an das Leben an der Küste inspirieren den Künstler Zeit seines Lebens zu immer neuen Interpretationen des Fischermotivs, das für ihn zu einem Topos auf das menschliche Leben wird.

Anfang der siebziger Jahre beginnt Oldenburg, mittels biblischer Motive wie der ›Pietá‹ und dem ›Verlorenen Sohn‹, menschliche Grunderfahrungen in einen religiösen und damit überzeitlichen Kontext zu stellen. Trost, Verzweiflung, Erlösung und Leid finden hier ihren intensiven und spannungsvollen künstlerischen Ausdruck. In der Malerei und in seinem bildhauerischen Schaffen läßt sich Ernst Oldenburg von der Klassischen Moderne und von seinen Zeitgenossen inspirieren. So greift er die u.a. von Matisse entwickelte Reduktion des menschlichen Körpers zur blockhaften Monumentalität auf und formt typisierte, tektonisch aufgebaute Körper von autonomer Ästhetik. Arbeiten von Henry Moore und Pablo Picasso sind zwei weitere wichtige Referenzen. Ernst Oldenburg bevorzugt eine reduzierte, aber dynamische Körperlichkeit, die besonders seine Mutter-Kind-Gruppen auszeichnet. In unterschiedlichen Materialien wie Bronze, Eisen, Stein, Ton und Holz experimentiert er mit dem Thema des menschlichen Korpus und untersucht die Ausdrucksmöglichkeiten der Form. Im Relief, dem Nagelbild, der Eisenrohrplastik und der Vollplastik im kleinen bis monumentalen Format geht er der dem Material innewohnenden Ästhetik und Aussage nach.
Ein schwerer Unfall beim Schweißen einer Plastik im Jahre 1977 macht ihn zeitweise arbeitsunfähig. Im Folgenden kann er an seinen monumentalen Plastiken nur mit Hilfe seines Schülers Gernot Puggé, der ihn für etwa zwanzig Jahre bei der Arbeit unterstützt, weiterarbeiten. Viele Arbeiten sind daher als Maquetten, d. h. häufig unvollendet gebliebene, monumentale Steinskulpturen überliefert.

**1985–1992** Ernst Oldenburg lebt und arbeitet weiterhin in Unna-Kessebüren. Ein Schlaganfall verändert 1988 sein Leben von Grund auf, da er nun rechtsseitig gelähmt ist. Gegen die drohende künstlerische Sprachlosigkeit aufbegehrend, malt er mit der linken Hand weiter. Zentrale Motive seines vorherigen Schaffens aufgreifend, findet er nun zu ungewöhnlich heiterer, intensiver Farbigkeit und unbeschwerten Szenen von Fischern und Bauern. Auch seinen Paarbildern verleiht er Innigkeit und Nähe. An den Rollstuhl gebunden, nimmt er seine Ausstellungstätigkeit zurück. Freunde empfängt er weiterhin und verfolgt hartnäckig seine künstlerischen Ziele. Am 20. 8. 1991 stirbt seine Frau Stella und, wenige Monate später, am 9. 1. 1992, der Künstler in Unna.

Brambrink: M 547

Eva Gathen, fünfziger Jahre: M 199

Giesler, Eutin fünfziger Jahre: M 201

Lotte Hertling: M 673, 674, 675, 714, S 50, S 51, S 52, S 83, S 97, S 110, S 112, S 126, S 128, S 130

Köves, Marl: R 20, S 91

Kundl, Berlin 1968: M 656

Erika Lemke, Münster: M 663, M 665, M 672, M 702, M 703, M 704, M 705, M 706, M 707, R 19, S 9, S 12, S 31, S 82, S 84, S 89, S 95, S 98, S 106, S 111, S 113, S 114, S 127

Mansfeld: S 88, S 92



Urbans, Eutin fünfziger Jahre: M 151, M 202, M 203, M 204, M 205, M 208, M 655

Archiv Ernst Oldenburg: M 7, M 10, M 12a, M 70, M 700

Die restlichen Abbildungen stammen von Marco Schwinning, Oberhausen, Dr. Roland Pieper und aus dem Archiv der Herausgeberin.

Umschlagabbildung: M 197 Zweiergruppe, 1966, Mischtechnik auf Leinwand, 90,5 x 110,5 cm

Frontispiz: Ernst Oldenburg im Atelier

Bataille, Georges: Die Freundschaft. Hrsg. Gerd Bergfleth. München 2002

Drost, Willi: Fritz Pfuhle. Ein Danziger Maler der Gegenwart. Berlin 1938

Fabeln der Antike. Hrsg. Harry C. Schnurr. München/Zürich 1985 (2. Aufl.)

Marcel Gromaire, 1892–1971. Katalog zur Ausstellung im Musée d'Art Moderne de la Ville de Paris, 12.6.–28.9.1980. Hrsg. Marie-Odile Briot. Paris 1980

Hölderlin, Friedrich: Sämtliche Werke und Briefe. Hrsg. Michael Knaupp. München/Wien 1992

25 Jahre Technische Hochschule Danzig, 1904–1929. Danzig 1929

Kober, Karl Max: Die Kunst der frühen Jahre, 1945–1949. Leipzig 1989

Kojève, Alexandre: Hegel. Eine Vergegenwärtigung seines Denkens. Kommentar zur Phänomenologie des Geistes. Hrsg. Iring Fletscher. Frankfurt am Main 1975

Krüger, Günter: Der Künstler Fritz A. Pfuhle. In: Fritz A. Pfuhle. Ein Danziger Maler aus Berlin. Katalog zur Ausstellung im Dokumentations- und Kulturzentrum Westpreußen (DKZW), Schloß Wolbeck, 7.10.–3.12.1978. Münster 1978

Lutze, Eberhard: Fritz Pfuhle. Ein Maler aus Danzig. Würzburg 1966

Maur, Karin von: Picasso und die Moderne. Meisterwerke der Staatsgalerie Stuttgart und der Sammlung Steegmann. Stuttgart 1999

Music: Malerei, Zeichnung, Graphik. Katalog zur Ausstellung in der Mathildenhöhe Darmstadt, 21.8.–2.10.1997. Darmstadt 1977 (Meister der italienischen Moderne, XV)

Nietzsche, Friedrich: Kritische Studienausgabe. Hrsg. Giorgio Colli und Mazzino Montinari. München 1988

Oldenburg 1975= Gigli, Guglielmo (u.a.): Ernst Oldenburg. Hamburg 1975

Max Pechstein: Sein malerisches Werk. Katalog zur Ausstellung im Brücke-Museum Berlin, 22.9.1996–1.1.1997, in der Kunsthalle Tübingen, 11.1.–6.4.1997, und der Kunsthalle Kiel, 20.4.–15.6.1997. Hrsg. Magdalena M. Moeller. München 1996

Fritz A. Pfuhle. Ein Danziger Maler aus Berlin. Katalog zur Ausstellung im Dokumentations- und Kulturzentrum Westpreußen (DKZW), Schloß Wolbeck, 12.6.–28.9.1980. Münster 1978

Schütz, Otfried: Henri Matisse. Die blauen Akte. Eine Kunst-Monographie. Frankfurt am Main/Leipzig 1996

Privatbesitz **Albrecht-Tiedemann**, Unna: M 217, Seite 119 | Privatsammlung Fam. **Bahr**, Hamburg: M 118, Seite 171 · M 189, Seite 193 | Renate und Dietmar **Bangert**, Iserlohn: S 2, Seite 147 | Sammlung **Bergendahl**, Bochum: M 328, Seite 114 · S 69, Seite 255 | Privatsammlung, Stadt **Bergkamen**: M 687, Seite 190 | Privatsammlung **Blaumer**, Düsseldorf: M 676, Seite 299 · M 677, Seite 352 | Privatsammlung Dr. Busso **von Bredow**, Malente: Z 112, Seite 98 | Sammlung **Breitbach**, Münster: S 23, Seite 207 | Privatsammlung Jochen **Brennecke**, Unna: M 458, Seite 360 | Gaby **Cramer**, Unna: u. a. S 8, Seite 187 | **Degussa AG**, CKW Troisdorf, ehemals CWH Hüls, Marl: M 107, Seite 125 | Unternehmensarchiv **Degussa AG** Hüls (Standort Marl): M 216, Seite 105 | Privatbesitz Fam. Wilhelm **Dieckmann**, Fröndenberg: M 252, Seite 225 | Privatsammlung Karin und Artur **Dormann**, Unna: M 176, Seite 194 | Sammlung Dietrich **Draheim**, Berlin: M 639, Seite 116 · M 637, Seite 211 | Privatsammlung **Drobbner**: M 549, Seite 303 | Privatsammlung Andrea **Frintrop-Vogel**, Dortmund: M 235, Seite 210 | Privatsammlung Fam. Bolo **Franke**, Hamm: M 191, Seite 180 | Privatsammlung **Freese**, Malente: M 88, Seite 106 · M 89, Seite 107 | Privatsammlung Fam. Dr. Clemens **Funcke**, Dortmund: D 19, Seite 155 · S 19, Seite 186 · M 180, Seite 215 | Privatsammlung Dr. Rainer und Heidemarie **Gantenbrink**, Menden: u. a. M 163, Seite 19 · D 7, Seite 283 · M 393, Seite 301 | Privatsammlung Annegret u. Manfred **Gieseler**, Naumburg: S 2, Seite 147 · M 146, Seite 164 · M 245, Seite 235 · M 489, Seite 334 · M 469, Seite 338 | Privatbesitz Marthel **Groth**, Heiligenhaus: M 117, Seite 171 | **Halbach**: S 32, Seite 228 | Privatsammlung Detmar Freiherr **von Hardenberg**, Malente: M 95, Seite 104 | Sammlung **Hastedt**, Holstein: S 100, Seite 200 | Privatsammlung **Hetterscheidt**, Dortmund: M 600, Seite 346 | **Hoesch** Hamm: S 116, Seite 273 | Privatsammlung Dr. Werner **Hunsmann**, Dülmen: M 212, Seite 109 | Privatsammlung Prof. Dr. **Jänig**, Unna: M 484, Seite 342 · M 744, Seite 365 | Ev. **Johanneskirche** in Frömern: R 9, Seite 240 · R 13, Seite 241 | Privatsammlung Dagmar **Kayser-Passmann** und Gerd **Passmann**, Unna: M 414, Seite 307 | Fam. **Kind**, Marl: S 11, Seite 146 | **Korupp**, Harburg: S 7, Seite 135 | Privatbesitz Horst u. Inge **Kroll-Bothe**, Südkamen: M 60, Seite 120 | Privatsammlung Dr. Gerd Kummer und Renate **Kummer**, Unna: Z 227, Seite 150 · S 8, Seite 187 · M 177, Seite 197 | **Schneider**, Essen: u. a. S 69, Seite 255 | Privatsammlung Claudia **Landwehr**, Münster: M 138, Seite 169 | Privatsammlung Ingrid u. Karl-Heinrich **Landwehr**, Kamen: M 111, Seite 175 | Privatbesitz Wolfgang **Lemke**: M 282, Seite 90 | Privatsammlung Waltraud u. Achim **von Lorne**, Gröbenzell: M 197, Seite 178 · M 494, Seite 330 | Privatsammlung Fam. Dr. Kai **Lucks**, Gauting: M 85, Seite 124 · M 157, Seite

132 · M 583, Seite 170 · S 8, Seite 187 | Privatsammlung Rosemarie **Lucks**, Kiel (Standort am Behlersee, Timmdorf): S 9, Seite 201 | Privatbesitz Fam. **Mahn**, Holzwickede: M 362, Seite 145 | Sammlung der Stadt **Marl**: M 214/M215, Seite 105 · D 27/2, Seite 143 | Privatsammlung Dr. Folker **Matz**, Dortmund: M 94, Seite 94 · M 93, Seite 96 · M 91, Seite 100 | Privatsammlung Fam. Dr. Manfred **Millhoff**, Unna: M 428, Seite 295 · M 369, Seite 310 | Privatsammlung Fam. **Neuhaus**, Loessel: M 170, Seite 190 | **Ernst Oldenburg Gesellschaft** e.V., Unna: M 23, Seite 72 · M 96, Seite 101 · D 72, Seite 285 · M 448, Seite 361 | Privatsammlung Karin **Orlowsky**, Tübingen: M 165, Seite 138 · M 468, Seite 344 | Privatsammlung Dr. Wedigo **Orlowsky**, Tübingen: D 22, Seite 133 · D 11, Seite 136 · D 23, Seite 137 · M 246, Seite 236 | Privatbesitz Dr. Franz-Josef **Overbeck**, Münster: M 41, Seite 109 | Privatsammlung Dr. med. Eckehard **Petzold**, Coesfeld: M 40, Seite 108 | Privatsammlung Gernot **Puggé**: M 412, Seite 280 | Privatsammlung **Ramas**, Ratingen: M 42, Seite 10 · M 169, Seite 21 · M 4, Seite 67 · M 5, Seite 69 · M 570, Seite 127 · D 77/2, Seite 278 | Privatsammlung **Ramas**, Unna: M 31, Seite 73 · M 20, Seite 74 · M 33, Seite 78 · M 627, Seite 91 · M 34, Seite 92 · Z 85, Seite 93 · M 211, Seite 94 · M 36/M 37, Seite 95 · M 87, Seite 97 · M 44, Seite 99 · M 334, Seite 110 · M 75, Seite 117 · Z 151, Seite 120 · S 7, Seite 135 · Z 162, Seite 140 · Z 88, Seite 141 · S 11, Seite 146 · S 3, Seite 149 · Z 242/Z 243, Seite 151 · Z 332/Z 342/Z 349, Seite 152 · Z 84/Z 337/Z 341, Seite 153 · M 271, Seite 176 · M 175, Seite 196 · S 14, Seite 202 · S 23/1, Seite 206 · M 225, Seite 212 · Z 129, Seite 220 · Z 131/Z 132, Seite 220 · Z 9, Seite 221 · Z 50/Z 347, Seite 222 · Z 325, Seite 223 · S 26, Seite 226 · S 25, Seite 227 · S 32, Seite 228 · S 80, Seite 229 · Z 91/Z 95, Seite 242 · Z 90/Z 96, Seite 243 · S 69, Seite 255 · Z 204, Seite 257 · S 122, Seite 259 (Standort Skulpturenpark Ernst Oldenburg Haus, Unna) · M 381, Seite 261 · S 103, Seite 268 · S 104, Seite 269 · M 268, Seite 270 · D 82, Seite 274 · D 44/2/D 44/1, Seite 276 · D 79, Seite 278 · Z 46, Seite 290 · M 361, Seite 293 · M 420, Seite 302 · M 542, Seite 308 · S 55, Seite 312 · M 281, Seite 319 · M 506, Seite 322 · M 467, Seite 323 · M 628, Seite 324 · M 515, Seite 351 · M 461, Seite 356 · M 445, Seite 358 · M 444, Seite 362 · M 522, Seite 366 | Privatsammlung **Francesca Ramas**: S 116, Seite 273 | Privatsammlung **Karola Ramas**: M 318, Seite 263 · S 118, Seite 272 · M 463, Seite 327 | Privatsammlung **Walter Ramas**, Ratingen: S 15, Seite 204 | Dr. **Reecke**, Unna: S 14, Seite 202 | Privatbesitz **Rennecke**, Ratingen: M 633, Seite 95 · M 560, Seite 238 · Z 352, Seite 250 | Privatsammlung **Schelcher-Treeck**, Bruchsal (Standort Ernst Oldenburg Haus, Unna): M 544, Seite 111 | Sammlung Dr. **Schellmann**, Marl: S 100, Seite 200 | Privatsammlung Karin Freifrau **Schenck zu Schweinsberg**, Remseck:

D 26, Seite 154 · D 9, Seite 155 · M 572, Seite 167 | Architekt **Schlemp**, Frankfurt: u. a. S 7, Seite 135 | Privatsammlung Ursula **Schmid**, Marl: M 221, Seite 105 | Privatsammlung **Schmidt-Tischmann**, Unna: M 178, Seite 194 | **Schnitger**: S 32, Seite 228 | Privatbesitz Kerstin und Claus **Schönfelder**, Marl: D 6, Seite 283 · M 373, Seite 315 | Privatsammlung Eheleute Inge u. Manfred **Schryen**, Unna: M 82, Seite 139 · M 509, Seite 359 | Familie **Schücker**, Unna: S 23, Seite 207 · S 55, Seite 312 | Privatsammlung Ute **Schwager-Lafrenz**: M 193, Seite 145 · M 422, Seite 294 | Privatsammlung Marco **Schwinning**, Oberhausen: M 537, Seite 300 | Prof. Dr. **Senne**, Essen: S 14, Seite 202 | **Sohnrey**: S 32, Seite 228 | Privatbesitz Fam. Werner **Sonntag**, Unna: M 534, S 367 | **Sparkasse Unna**: u. a. S 25, Seite 227 · M 284, Seite 326 | Privatsammlung Helga **Striegler**, Schwerte: M 365, Seite 280 | Privatsammlung **Sümmermann**, Münster: u. a. S 25, Seite 227 · M 442, Seite 329 | **St. Laurentius** in Herne: M 641–M654, Seite 246–S. 249 | Privatsammlung Ilse u. Carl-Heinz **Strunk**, Marl: M 192, Seite 181 | Privatsammlung K. u. H. **Thorwarth**, Unna: M 227, Seite 213 | Privatsammlung Hildegard **Triptrap**, Marl: M 194, Seite 179 · S 20, Seite 203 | Stadt **Unna**: M 222, Seite 218 · M 223, Seite 219 | Privatsammlung Bernward **Untiedt**, Münster: M 120, Seite 177 | Privatsammlung Dr. med. Othmar **Untiedt**, Dortmund: M 423, Seite 296 | Privatsammlung **Veelken**, Münster: M 576, Seite 167 | Privatsammlung Erika u. Wilhelm-Heinrich **Voss**, Unna: M 371, Seite 314 | Privatbesitz **Weber**, Marl: M 119, Seite 173 | Privatsammlung Ursula u. Johann **Wiest**: S 11, Seite 146 · S 7, Seite 135 · M 674, Seite 232 | Privatsammlung Hans-Günter **Zillmer**, Hamburg: M 754, Seite 70

Aufgeführt sind alle Besitzer von Werken, die im Buch abgebildet und namentlich bekannt sind bzw. genannt werden dürfen.

Das Werkverzeichnis der CD-ROM gibt Auskunft über alle Besitzer der dort erscheinenden Werke und Standorte, sofern Besitzer und Standorte namentlich bekannt sind bzw. genannt werden dürfen.